U0755100

人力资源管理理论与务实研究

王冬梅　范淑华　高楠楠　著

吉林摄影出版社

·长春·

图书在版编目（CIP）数据

人力资源管理理论与务实研究/王冬梅，范淑华，高楠楠著. --长春：吉林摄影出版社，2024.6
　　ISBN 978-7-5498-6270-2

Ⅰ. F243

中国国家版本馆 CIP 数据核字第 2024UB0498 号

人力资源管理理论与务实研究
RENLI ZIYUAN GUANLI LILUN YU WUSHI YANJIU

著　　者：王冬梅　范淑华　高楠楠
出 版 人：车　强
责任编辑：罗　晗
封面设计：豫燕川
开　　本：787mm×1092mm　1/16
字　　数：143 千字
印　　张：8.25
版　　次：2024 年 6 月第 1 版
印　　次：2025 年 1 月第 1 次印刷

出　　版：吉林摄影出版社
发　　行：吉林摄影出版社
地　　址：长春市净月高新技术产业开发区福祉大路 5788 号
　　　　　邮编：130118
电　　话：总编办：0431－81629821
　　　　　发行科：0431－81629829
印　　刷：北京银祥印刷有限公司

ISBN 978-7-5498-6270-2　　　　定　　价：　65.00 元
版权所有　侵权必究

前　言

　　人类社会的存在和发展离不开自然资源和人力资源。随着知识经济和经济全球化的迅速发展，人力资源管理已成为企业的关键管理职能，人力资源的有效开发与利用能够帮助企业赢得可持续发展的竞争优势，这一点已经成为人们的共识。因此，加强人力资源的管理工作，充分调动企业员工的积极性、主动性、创造性，发挥人力资源的潜能已成为企业管理的中心任务。面对知识经济的兴起，如何科学地进行现代人力资源管理与发展工作，充分发挥生产要素中最活跃、最主动的因素——人力资源的作用，是我国为加快经济社会发展所必须研究的重要课题，具有重要的现实意义。

　　本书内容包括人力资源管理概述、人力资源管理理论、人力资源规划、员工招聘与录用、员工培训与开发、绩效管理。本书内容涉及面广，针对性强，适合人力资源管理者、相关专业的研究者和学生参考，也可供对人力资源开发与管理感兴趣的人士阅读。

　　在全书的撰写过程中，作者参考和借鉴了大量国内外相关专著、论文等理论研究成果，在此向其作者致以诚挚的谢意。由于时间比较仓促，加上作者水平有限，在编写本书的过程中难免会出现一些纰漏，敬请广大读者批评指正。

目　录

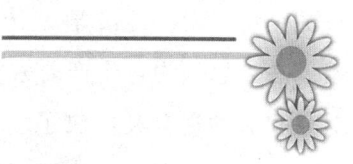

第一章　人力资源管理概述

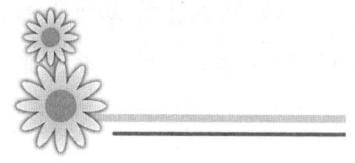

第一节　人力资源

一、人力资源的含义

（一）资源

按照逻辑从属关系，人力资源属于资源这一大的范畴，是资源的一种具体形式。因此，在解释人力资源的含义之前，有必要先对资源进行简要的说明。

《辞海》把资源解释为"生产资料或生活资料等的来源"。资源是人类赖以生存的物质基础，从不同的角度有不同的解释。

从经济学的角度来看，资源是指能给人们带来新的使用价值和价值的客观存在物，泛指社会财富的源泉。自人类出现以来，财富的来源无外乎两类：一类是来自自然界的物质，可以称之为自然资源，如森林、矿藏、河流、草地等；另一类就是来自人类自身的知识和体力，可以称之为人力资源。在相当长的时期里，自然资源一直是财富形成的主要来源，但是随着科学技术的突飞猛进，人力资源对财富形成的贡献越来越大，并逐渐占据了主导地位。

从财富创造的角度来看，资源是指为了创造物质财富而投入生产过程的一切要素。经济学家认为，土地、劳动、资本是构成资源的三要素。马克思认为，生产要素包括劳动对象、劳动资料和劳动者，而劳动对象和劳动资料又构成了生产资料，因此，不论生产的社会形式如何，劳动者和生产资料始终是生产的要素。随着社会的发展，信息技术的应用越来越广泛，其作用也越来越大，现在很多经济学家认为生产要素中还应该再加上信息。目前，伴随着知识经济的兴起，知识在价值创造中的作用日益凸显，因此也有人认为应当把知识作为一种生产要素单独加以看待。

(二) 人力资源

"人力资源"的概念最早出现于 1954 年出版的《管理的实践》一书中。其作者认为，人力资源拥有当前其他资源所没有的素质，即协调能力、融合能力、判断力和想象力。经理们可以利用其他资源，但是人力资源只能自我利用——人对自己是否工作绝对拥有完全的自主权。关于"人力资源"概念的提出，人事管理理论和实践的发展以及后工业时代中员工管理的不适应，使人事管理开始向人力资源管理转变。这种转变正如彼得·德鲁克在其著作中所说的，传统的人事管理正在成为过去，一场新的以人力资源管理开发为主调的人事革命正在到来。

20 世纪 60 年代以后，美国经济学家提出了现代人力资本理论，这个理论认为，人力资本是体现在具有劳动能力（现实或潜在）的人身上的、以劳动者的数量和质量（即知识、技能、经验、体质与健康）表示的资本，它是通过投资而形成的。人力资本理论的提出，使人力资源的概念更加广泛地深入人心，英国经济学家认为，人力资源是国民财富的最终基础。资本和自然资源是被动的生产要素。人是积累资本，开发自然资源，建立社会、经济和政治并推动国家向前发展的主动力量。显而易见，一个国家如果不能发展人们的知识和技能，就不能发展任何新的东西。从此，对人力资源的研究越来越多。到目前为止，对于人力资源的含义，学者给出了多种不同的解释。根据研究的角度，可以将这些定义分为两大类：第一类主要是从能力的角度来解释人力资源的含义，可德情操水平等。此外，也可以用每百万人口中接受高等教育的人数、专业人员占全体劳动者比重等经济社会统计常用指标来表示。

劳动者的素质由体能素质和智能素质构成。就劳动者的体能素质而言，又有先天的体质和后天的体质之分；智能素质包括经验知识和科技知识两个方面，而科技知识又可分为通用知识和专业知识两个部分，此外，劳动者的积极性和心理素质是劳动者发挥其体力和脑力的重要条件。

与人力资源的数量相比，其质量方面更重要。人力资源的数量能反映出可以推动物质资源的人的规模，人力资源的质量则反映可以推动哪种类型、哪种复杂程度和多大数量的物质资源。经济越发展，技术越现代化，对于人力资源的质量要求就越高，现代化的生产体系要求人力资源具有极高的质量水平。

三、人力资源与相关概念

（一）人力资源和人口资源、人才资源

人口资源是指一个国家或地区所拥有的人口总量。它是一个最基本的资源，一切人力资源、人才资源皆产生于这个最基本的资源中，主要表现为人口的数量。

人才资源是指一个国家或地区中具有较多科学知识、较强劳动技能，在价值创造过程中起关键或重要作用的那部分人。人才资源是人力资源的一部分，即优质的人力资源。

应当说，人力资源、人口资源和人才资源这三个概念的本质有所不同，人口资源和人才资源的本质是人，而人力资源的本质则是智力和体力，从本质上来讲它们之间并没有什么可比性。就人口资源和人才资源来说，它们关注的重点也不同，人口资源更多的是一种数量概念，而人才资源更多的是一种质量概念。

在数量上，人口资源是最多的，它是人力资源形成的数量基础，人口资源中具备一定智力资本和体能的那部分才是人力资源；而人才资源

又是人力资源的一部分，是人力资源中质量较高的那部分，是具有特殊智力资本和体能的人力资源，也是数量最少的。

在比例上，人才资源是最小的，它是从人力资源中产生的，而人力资源又是从人口资源中产生的。

（二）人力资源和人力资本

"人力资源"和"人力资本"也是容易混淆的两个概念，很多人甚至将它们通用，其实这两个概念是有一定区别的。

1. 资本和人力资本

"资本"一词，语义上有三种解释：一是指掌握在资本家手里的生产资料和来雇佣工人的货币；二是指经营工商业的本钱；三是指谋取利益的凭借物。

对于人力资本的含义，有人认为，人力资本是劳动者身上所具备的两种能力，一种能力是通过先天遗传获得的，是由个人与生俱来的基因决定的；另一种能力是后天获得的，由个人经过努力学习而形成，而读写能力是任何民族人口的人力资本质量的关键成分。人力资本这种体现在具有劳动能力（现实或潜在）的人身上的、以劳动者数量和质量（即知识、技能、经验、体质与健康）表示的资本，是需要通过投资才能够获得的。

2. 人力资源和人力资本的关系

人力资源和人力资本是既有联系又有区别的两个概念。

应该说，人力资源和人力资本都是以人为基础而产生的概念，研究的对象都是人所具有的脑力和体力，从这一点看两者是一致的。而且，现代人力资源理论大都是以人力资本理论为根据的，人力资本理论是人力资源理论的重点内容和基础部分，人力资源经济活动及其收益的核算是基于人力资本理论进行的，两者都是在研究人力作为生产要素在经济增长和经济发展中的重要作用时产生的。

虽然这两个概念有着紧密的联系，但它们之间还是存在一定的区别。

首先，在与社会财富和社会价值的关系上，两者是不同的。人力资本是由投资形成的，强调以某种代价获得的能力或技能的价值，投资的代价可在提高生产力过程中以更大的收益收回。因此劳动者将自己拥有的脑力和体力投入生产过程中参与价值创造，就要据此来获取相应的劳动报酬和经济利益，它与社会价值的关系应当说是一种由因索果的关系。而人力资源则不同，作为一种资源，劳动者拥有的脑力和体力对价值的创造起了重要的贡献作用。人力资源强调人力作为生产要素在生产过程中的生产、创造能力，它在生产过程中可以创造产品、创造财富，促进经济发展。它与社会价值的关系应当说是一种由果溯因的关系。

其次，两者研究问题的角度和关注的重点也不同。人力资本是通过投资形成的存在于人体中的资本形式，是形成人的脑力和体力的物质资本在人身上的价值凝结，是从成本收益的角度来研究人在经济增长中的作用。它强调投资付出的代价及其收回，考虑的是投资成本带来多少价值，研究的是价值增值的速度和幅度，关注的重点是收益问题，即投资能否带来收益以及带来多少收益的问题。人力资源则不同，它将人作为财富的来源来看待，是从投入产出的角度来研究人对经济发展的作用，关注的重点是产出问题，即人力资源对经济发展的贡献有多大，对经济发展的推动力有多强。

最后，人力资源和人力资本的计量形式不同。众所周知，资源是存量的概念，而资本则兼有存量和流量的概念，人力资源和人力资本也同样如此。人力资源是指一定时间、一定空间内人所具有的对价值创造起贡献作用并且能够被组织所利用的体力和脑力的总和。而人力资本，如果从生产活动的角度看，往往是与流量核算相联系的，表现为经验的不断积累、技能的不断增进、产出量的不断变化和体能的不断损耗；如果从投资活动的角度看，又与存量核算相联系，表现为投入教育培训、迁移和健康等方面的资本在人身上的凝结。

四、人力资源的特点

(一) 主观能动性

主观能动性是指人力资源体力和智力的融合不仅具有主动性，而且还具有不断拓展的潜力。主观能动性表明人具有意识，知道活动的目的，因此可以有效地对自身活动做出选择，另外也表明人在各种活动中处于主体地位，可以支配其他一切资源。此外，人力资源的主观能动性还表明它具有自我开发性。在生产过程中，人一方面要发生自身损耗，另一方面则通过自身的合理行为，使自身的损耗得到弥补、更新和发展；其他资源则没有这种特性。最后，人力资源在各种活动中是可以被激励的，也就是说可以通过提高人的劳动能力和劳动动机来提高劳动效率。

(二) 时效性

人力资源的时效性是指人力资源要在一定的时间段内开发，超过这一时期，可能就会荒废和退化。人具有生产劳动的能力，但是随着年龄的增长和环境的变化，这种能力就会随之发生变化。人在每个年龄段的工作能力都会有所差异，不及时使用和开发就会失去其固有的作用和能力。人的生命是有限的，劳动技能会发生衰退，智力、知识和思维也会发生转变。

(三) 增值性

与自然资源相比，人力资源具有明显的增值性。一般来说，自然资源是不会增值的，只会因为不断地消耗而逐渐"贬值"。人力资源则不同，人力资源是人所具有的脑力和体力，对单个人来说，他的体力不会因为使用而消失，只会因为使用而不断增强，当然这种增强是有一个限度的；他的知识、经验和技能也不会因为使用而消失，相反会因为不断地使用而更有价值。也就是说，在一定的范围内，人力资源是不断增值的，创造的价值会越来越多。

（四）两重性

人力资源既是投资的结果，又能创造财富，具有既是生产者又是消费者的两重性。人力资源投资的程度决定了人力资源的质量。研究表明，对人力资源的投资无论是对社会还是对个人所带来的收益要远远大于对其他资源的投资所产生的收益。

（五）社会性

自然资源具有完全的自然属性，不会因为所处的时代、社会不同而有所变化，比如，古代的黄金和现代的黄金是一样的，中国的黄金和南非的黄金也没有什么本质的区别。人力资源则不同，人所具有的体力和脑力明显受到时代和社会因素的影响，从而具有社会属性。

五、人力资源的作用

（一）人力资源是财富形成的关键要素

人力资源是构成社会经济活动的基本前提。从宏观的角度看，人力资源不仅在经济管理中必不可少，而且是组合、运用其他各种资源的主体。也就是说，人力资源是能够推动和促进各种资源实现配置的特殊资源。因此，人力资源成为最重要和最宝贵的资源。它不仅与自然资源一起构成了财富的源泉，而且在财富的形成过程中发挥着关键作用。

社会财富由对人类的物质生活和文化生活具有使用价值的产品构成，因此自然资源不能直接形成财富，还必须有一个转化的过程，人力资源在这个转化过程中起到了重要的作用。人们将自己的脑力和体力通过各种方式转移到自然资源上，改变了自然资源的状态，使自然资源转变为各种形式的社会财富，在这一过程中，人力资源的价值也得以转移和体现。应该说，没有人力资源的作用，社会财富就无法形成。

（二）人力资源是经济发展的主要力量

人力资源不仅决定着财富的形成，而且是推动经济发展的主要力量。随着科学技术的不断发展，知识技能的不断提高，人力资源对价值创造的贡献度越来越大，社会经济发展对人力资源的依赖程度也越来越重。

（三）人力资源是企业的首要资源

在现代社会中，企业是构成社会经济系统的细胞单元，是社会经济活动中最基本的经济单位，是价值创造最主要的组织形式。企业的出现，是生产力发展的结果，而它反过来又极大地提高了生产力的水平。

通过以上分析可以得知，无论是对社会还是对企业而言，人力资源都发挥着极其重要的作用，因此我们必须重视人力资源，创造各种有利的条件以保证其作用的充分发挥，从而实现财富的不断增加、经济的不断发展和企业的不断壮大。

第二节　人力资源管理

一、人力资源管理的含义

人力资源管理（Human Resource Management）这一概念，是在德鲁克 1954 年提出人力资源的概念之后出现的。1958 年，《人力资源管理功能》一书的出版，首次将人力资源管理作为管理的普通职能加以论述。此后，随着人力资源管理理论和实践的不断发展，国内外产生了人力资源管理的各种流派，他们从不同的侧面对人力资源管理的概念进行了阐释。

人力资源管理是指为了达到组织的总体目标，运用现代科学的技术方法，通过对组织的人和事的管理，协调好人与事的关系，处理好人与人之间的矛盾，充分发挥人的潜能，对人力资源进行获取、开发、整合和调控的过程。人力资源管理包括人力资源规划、人员招聘与培训、薪酬体系的制定及绩效考核等方面。

二、人力资源管理的功能

尽管人力资源管理的功能和职能在形式上可能有些相似，但两者在本质上是不同的。人力资源管理的功能指人力资源管理自身应该具备或者发挥的作用，而按照前面对管理职能的解释，人力资源管理的职能则是指它所要承担或履行的一系列活动，人力资源管理的功能是通过它的职能来实现的。确切地说，人力资源管理的功能是指人力资源管理自身所具备或应该具备的作用，这种作用并不是相对于其他事物而言的，而是具有一定的独立性，反映了人力资源管理自身的属性。人力资源管理的功能主要体现在四个方面：吸纳、维持、开发、激励。

吸纳功能主要是指吸引并让优秀的人才加入本企业；维持功能是指让已经加入的员工继续留在本企业；开发功能是指让员工保持能够满足当前及未来工作需要的技能；激励功能则是指让员工在现有的工作岗位上创造出优良的绩效。

就这四项功能之间的相互关系而言，吸纳功能是基础，它为其他功能的实现提供了条件，不将人员吸引到企业中来，其他功能就失去了发挥作用的对象；激励功能是核心，是其他功能发挥作用的最终目的，如果不能激励员工创造出优良的绩效，其他功能的实现就失去了意义；开发功能是手段，只有让员工掌握了相应的工作技能，激励功能的实现才会具备客观条件，否则就会导致员工"心有余而力不足"；维持功能是保障，只有将吸纳的人员保留在企业中，开发和激励功能才会有稳定的对象，其作用才可能持久。

在企业的实践过程中，人力资源管理的这四项功能通常被概括为"选、育、用、留"四个字。"选"就相当于吸纳功能，要为企业挑选出合格的人力资源；"育"就相当于开发功能，要不断地培育员工，使其工作能力不断提高；"用"就相当于激励功能，要最大限度地使用已有的人力资源，为企业的价值创造做出贡献；"留"就相当于维持功能，要采用各种办法将优秀的人力资源保留在企业中。

三、人力资源管理的目标

人力资源管理目标是指企业人力资源管理需要完成的职责和需要达到的绩效。人力资源管理既要考虑组织目标的实现，又要考虑员工个人的发展，强调在实现组织目标的同时实现个人的全面发展。人力资源管理目标包括全体管理人员在人力资源管理方面的目标任务与专门的人力资源部门的目标任务。具体来说，这些目标任务主要有以下几个方面。

（一）获取并保持适合组织发展的人力资源

人才是企业最重要的资源。在日益激烈的商业竞争中，拥有比对手更优秀、更有主动性与创造力的人才，是构建企业差异竞争战略优势的宝贵因素。然而，人才资源始终是稀缺资源，随着社会的发展，人才的竞争也会越来越激烈。人力资源管理工作的首要目标就是为组织获取符合其发展需要的数量和质量的劳动力和各种专业技术人员，这是开展其他工作的基础。

（二）保持人力资源队伍的稳定性是人力资源管理的又一重要目标

企业人才的流失不但会影响企业的正常运转，还会增加开支，降低工作效率。留住人才最主要的方式是提高他们的工资和福利，提供安全且舒适的工作环境和未来的发展空间，同时要加强对员工的关怀及情感上的联系。

（三）提高组织效率或经营绩效，不断获取新的竞争优势

组织效率或经营绩效与员工有着直接的联系。加强人力资源管理的目标就是通过提升员工技能、规范员工行为以及鼓励创新等方式改进员工的绩效，从而提高组织效率或经营绩效。

（四）塑造良好的企业形象

企业形象是指人们通过企业的各种标识和行为的认知，而建立起来的对企业的总体印象。企业形象是企业精神文化的一种外在表现形式，是社会公众在与企业接触交往过程中所感受到的总体印象。这种印象是通过人体的感官传递获得的。

（五）培育和创造优秀的组织文化

组织文化由其价值观、信念、仪式、标识、行为准则等组成。企业员工受组织文化的影响，同时也能反作用于组织文化。例如，高层管理人员的综合素质、行为举止要与组织文化保持相对的一致，这样才能使文化得以传播与发展，否则，组织文化会在高层管理人员的影响下慢慢

发生变化，并演变成新的组织文化类型。全体员工认可组织文化本身的精髓，文化才能发展，否则，组织文化可能会发生变化，要么员工改变了文化，要么组织文化导致人员流失、企业运营艰难、企业倒闭。因此，优秀的组织文化对员工产生的是积极向上的正面影响，而不合理的组织文化对组织产生的是负面影响，有时甚至是致命的影响。

四、人力资源管理的原则

人力资源管理的最终目的是要做到人尽其才，才尽其用，人事相宜，最大限度地发挥人力资源的作用，以配合实现组织的总目标。如何实现科学合理的配置，是人力资源管理长期以来亟待解决的一个重要问题。如何才能对企业人力资源进行有效合理的配置呢？一般认为必须遵循以下的原则。

（一）能级对应原则

合理的人力资源配置应使人力资源的整体功能加强，这就要求人的能力与岗位要求相对应。企业岗位有层次和种类之分，处于不同的能级水平。每个人也都具有不同水平的能力，在纵向上处于不同的能级位置。

（二）权变原则

人的发展受先天素质的影响，更受后天实践的制约。后天形成的能力不仅与本人的努力程度有关，也与实践的环境有关，人的感情、行为及素质也是多变的。因此，人的能力的发展是不平衡的，其个性也是多样化的。每个人都有自己的长处和短处，有其总体的能级水准，同时也有自己的专业特长及工作爱好。

（三）动态调整原则

动态调整原则是指当人员或岗位要求发生变化的时候，要适时地对人员配备进行调整，以保证始终使合适的人工作在合适的岗位上。岗位或岗位要求是在不断变化的，人也是在不断变化的，人对岗位的适应也有一个认识与实践的过程。由于种种原因，能级不对应，用非所长等情形时常发生。

（四）普选人才原则

现在企业的竞争，已不再是一国之内的同行竞争，许多国际巨头并不排斥引入必要的外部人才。当确实需要从外部招聘人才时，就不能"画地为牢"，局限于企业内部。

五、人力资源管理人员的胜任力

根据人力资源管理者在企业中所扮演的角色和起到的作用，一位合格的人力资源从业人员需拥有相应的素质、专业知识和其他领域的知识。

（一）具备的素质

1. 培养人才

培养人才是人力资源管理人员所应具备的关键素质之一。它具体体现为，人力资源管理人员要成为"教练员"，就必须能够制定并宣讲人力资源的政策和制度，帮助各级主管承担激发下属潜能、培养人才和贯彻执行人力资源制度的责任。在面向员工的时候，能成为"咨询师"，为员工答疑解惑。

2. 影响力

影响力主要体现在与员工建立彼此信任并达成共识的基础上，成为员工利益的代言人；同时作为人力资源管理领域的专家，依赖专业权威性影响与推动企业的变革，发挥人力资源管理对企业运营实践的支持作用等方面。

3. 人际理解力

如果人力资源管理人员无法敏感地倾听与理解员工的需求，无法基于企业与员工的需要提供人力资源的产品与服务，那么人力资源管理的价值就无法体现。

4. 客户服务

客户服务素质是建立在人际理解力基础上的，具体表现在倾听并积极响应客户（包括内部员工与外部客户）提出的问题与需求，并就此提供一系列的人力资源产品与服务，从而获得客户的满意。

5．团队合作

团队从一定意义上说也可以看成一种培养与开发人才的有效方式。同时为促进人力资源管理部门履行其对企业经营决策的支持以及员工价值管理的职责，团队合作提供了沟通、分享与支持的平台。

（二）专业知识

1．人力资源战略与企业文化

根据企业的发展规划，诊断企业现有人力资源状况，结合企业经营发展战略，对未来的人力资源需要和供给状况进行分析及估计，把人力资源战略与企业文化紧密地结合起来。

2．组织结构设计

根据企业战略目标、资源状况、现有的核心流程以及同行企业的最佳实践模式，设计企业组织结构。

3．流程分析与流程再造

流程是组织内部从供应商到客户的价值增长过程。流程的有效性与效率将直接影响到组织的有效性、效率与客户满意度。

4．工作分析

工作分析是人力资源管理的一项传统的核心职能与基础性工作。一份好的职位说明书无疑是一幅精确的"企业地图"，指导着人力资源方方面面的工作。

5．基于战略的绩效管理

绩效问题是任何企业都面临的长期挑战，人力资源从业者必须掌握绩效管理与绩效目标分解的工具和方法、绩效制度设计与基本操作、绩效目标设定与分解等相关知识。

6．全面薪酬战略体系

考虑薪酬的不同要素该如何正确组合才能有效地发挥薪酬的作用。薪酬管理是有效支持企业的战略和企业价值提升的方法和工具。

7．能力管理

建立素质模型，将素质模型应用到人力资源管理的不同领域，从而真正使人力资源管理回归到建构组织能力和人力资源开发的利用上。

8. 招聘

制定人才选择战略，进行准确的工作分析和胜任特征分析，有效地进行人力资源分析与规划，对应聘者的专业技能及综合能力进行评估，对招聘成本进行评估。

9. 培训体系的建立与管理

培训是促成"以人为本"的企业文化的重要手段，制订有效的年度培训计划是人力资源管理人员面临的严峻挑战。

（三）其他领域的知识

企业在选择人力资源管理人员时，一般比较注重对候选人所掌握的专业知识的考察。但是，人力资源管理人员要参与企业的战略决策，要与总经理和其他业务部门沟通，仅仅具备人力资源方面的专业知识显然是远远不够的。他还必须掌握其他领域的知识，这样才能符合新时代一个合格的人力资源管理人员的要求，成为企业的战略合作伙伴和企业的人力资源管理领域的技术专家。相关知识包括组织行为学、心理学、项目管理、经济学、统计学、市场营销学、财务管理学、生产管理学、战略学、相关法律法规等。

六、人力资源管理的模式

人力资源管理模式在人力资源管理活动中扮演着十分重要的角色。关于人力资源管理模式的理论，目前国内外并无一致定论。国内外的专家学者从不同的角度提出了自己的观点，这些理论大多是结合本国的实际情况和当时的特定环境提出的。

（一）国内关于人力资源管理模式的研究综述

我国的学者对人力资源管理模式的研究大体上可以归纳为三个层面，以下就是对这三个层面的研究进行的简要综述。

1. 宏观层次的人力资源管理模式

对不同国家的人力资源管理模式的研究是这个层面的主要研究内容。基于不同价值观念的必然选择，所得出的结论大同小异，是宏观层次的人力资源管理模式的最大特征。

2．中观层次的人力资源管理模式

企业层面是我国学者研究人力资源管理模式最集中的地方。有人提出的科技人力资源管理与激励模式，即强调人力资源管理各种活动之间的相互关联性，认为其主要由积极的激励过程和维护激励的环境两方面构成。还有人提出的中小企业人力资源管理的"3P"模式，即强调由岗位职责、工作绩效考核、工资分配等方面来规范中小企业人力资源管理。

3．微观层次的人力资源管理模式

实际上，这些模式应该只能算是人力资源管理方法或者技巧。比如"JIT"人力资源管理模式。"JIT"就是准时生产制，但是该模式并没有太大的创新点，只是运用了"JIT"的理念和方法而已。有人提出了内核外圈型人力资源管理模式，认为应该将员工划分为内核员工和外圈员工，其划分的依据主要是人力资源的独特性、人力资源成长性以及人力资源和组织战略的相关性三个维度，并强调对不同的员工类型采取不同的管理方式。

（三）其他的管理模式

1．"抽屉式"管理

在现代管理理论中，它也叫作"职务分析"。"抽屉式"管理是一个通俗形象的管理术语，形容在每个管理人员办公室的抽屉里，都有一个明确的职务工作规范，在管理工作中，既不能有职无权，更不能有权无责，必须职、责、权、利相互结合。

企业进行"抽屉式"管理有以下五个步骤：第一步，建立一个由企业各个部门组成的职务分析小组；第二步，正确处理企业内部集权与分权关系；第三步，围绕企业的总体目标，层层分解，逐级落实职责权限范围；第四步，编写"职务说明""职务规格"，制定对每个职务工作的要求准则；第五步，必须充分考虑考核制度与奖罚制度的结合。

2．"合拢式"管理

"合拢"表示管理必须强调个人和整体的配合、创作整体和个体的高度和谐。具体特点是：既有整体性，又有个体性，企业每个成员对企业有使命感，"我就是企业"是"合拢式"管理中的一句响亮口号；自我组织性，放手让下属做决策，自己管理自己；波动性，现代管理必须实行灵活经营策略，在波动中进步和革新；相辅相成，要促使不同的看法、做法相互补充交流，使一种情况下的缺点变成另一种情况下的优点；个体分散和整体协调性，一个组织中单位、小组、个人都是整体中的个体，个体都有分散性、独创性，通过协调形成整体的形象；韵律性，企业与个人之间形成融洽和谐、充满活力的气氛，激发人们的内驱力和自豪感。

3. "走动式"管理

"走动式"管理主要是指企业主管体察民意，了解实情，与部属打成一片，共创业绩。它的优势在于：主管动下属也跟着动；投资小，收益大，"走动式"管理并不需要太多的资金和技术，就可能提高企业的生产力；看得见的管理，最高主管能够到达生产第一线，与工人见面、交谈，希望员工能够认识他，对他提意见，甚至与他争辩是非；现场管理。

七、人力资源管理与传统人事管理的区别

人事管理的起源可以追溯到非常久远的年代，对人和事的管理是伴随组织的出现而产生的。现代意义上的人事管理是伴随工业革命的产生而发展起来的。20 世纪 70 年代后，人力资源在组织中所起的作用越来越大，传统的人事管理已经不能适应时代发展的需要，它从管理的观念、模式、内容、方法等全方位向人力资源转变。从 20 世纪 80 年代开始，人本主义管理的理念与模式逐步凸显出来。人本主义管理，就是以人为中心的管理。人本主义管理被视为组织的第一资源，现代人力资源管理便应运而生。现代人力资源管理与传统的人事管理的差别已经不仅是名词的转变，两者在性质上有较本质的转变。

现代人力资源管理与传统人事管理的主要区别如下。

（1）管理的视角不同。传统的人事管理视人力为成本，而现代人力资源管理不仅认为人是一种成本，而且视人力为四大资源中的第一资

源，通过科学管理可以升值和增值。

（2）管理的重点不同。传统的人事管理只强调人与事的配合，而现代人力资源管理更注重共事人之间人际关系的和谐与协调，特别是劳资关系和专业技术人员间的协调。

（3）管理的层次不同。传统的人事管理一般都处于执行层，而现代人力资源管理一般都是进入决策层的，人事活动的功能多元化。

（4）管理的广度不同。传统的人事管理只注重管好自有人员，而现代人力资源管理不仅要管好自有人员，还必须对组织现今和未来各种人力资源的要求进行科学的预测和规划。

（5）管理的深度不同。传统的人事管理只注重用好职工的显能，发挥人的固有能力，而现代人力资源管理则注重开发职工的潜能，以不断激发其工作动机。

（6）管理的形态不同。传统的人事管理一般都采用高度专业化的个体静态管理，而现代人力资源管理则采用灵活多样的整体动态管理，给职工创造施展自身才华的机会和环境。

（7）管理的方式不同。传统人事管理的方法机械单一，而现代人力资源管理的方法则灵活多样，是科学理性与人文精神在现代管理理论中有机结合的典范。

（8）管理部门的性质不同。传统的人事管理部门属于非生产、非效益部门，而现代人力资源管理部门逐渐成为生产和效益部门。

八、人力资源管理的内容

企业的人力资源管理，是指企业对于人力资源的一系列管理活动。这些活动主要包括企业人力资源规划、薪酬管理、人员招聘与配置、员工培训管理、绩效管理、劳动关系管理等，即企业运用现代管理方法，对人力资源的获取（选人）、开发（育人）、利用（用人）和保持（留人）等方面所进行的计划、组织、指挥、控制和协调等一系列活动。人力资源管理可简单概括为"选、育、用、留"，最终达到实现企业和员工共同发展目标的一种管理行为。

在选才方面，首先要制定企业的人力资源管理规划。然后，在人力资源管理规划的指导下，通过合适的方式和渠道来招聘与甄选员工，实现人力资源的供需平衡。将合适的人配置在适合的岗位上，同时将人才信息纳入人力资源管理信息系统。

在育才方面，建立学习型组织，健全终身培训的体制。通过员工培训管理，使员工不断更新知识，积累不同的经验，帮助他们提高知识水平、增进技能，以便在今后的企业经营活动中能适应企业发展的需要。对企业今后发展所需要的中坚力量，企业要进行培训，使之成为人力资本。

在用才方面，当企业的人力资源管理工作进行到一定的阶段，就必须对多层次员工的工作绩效进行评估考核，纠正他们工作中的失误，肯定他们工作中的成绩，并就员工下一阶段的工作达成上下级的共识，以便员工制订下一轮的工作计划。在企业与员工互相匹配发展的过程中，要不断地沟通，解决冲突，消除两者共同发展的障碍，形成互为动力的综合发展途径。

在留才方面，对于企业来说，辛辛苦苦培育的员工不能留在企业里工作，将是一大损失。因此，对员工的及时激励至关重要，其中包括薪酬方面的激励、福利方面的激励和精神等其他方面的激励。对优秀员工，要加大激励的力度。企业与员工需要长期相互了解，才能达成默契，使员工心甘情愿留在企业，为实现企业的目标而努力工作。

最后，根据人力资源系统的整体运作情况，企业修正或者重新制订自身的人力资源发展战略和人力资源计划，为下一阶段人力资源管理活动再次奠定基础。

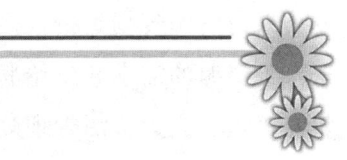

第二章 人力资源规划

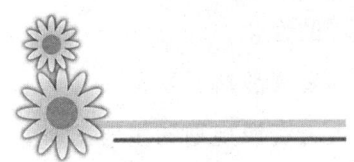

第一节 人力资源规划概述

一、人力资源规划内涵

做任何事情之前，都应该做出一个计划。人力资源管理也不例外。为了保证整个系统的正常运转，发挥其应有的作用，人力资源管理也必须认真做好计划。人力资源管理的计划是通过人力资源规划这一职能实现的。

人力资源规划也称为人才资源规划，自 20 世纪 70 年代起，已成为人力资源管理的重要职能，并且与企业的人事政策融为一体。人力资源规划实质上就是在预测未来的组织任务和环境对组织要求以及为完成这些任务和满足这些要求而提供人员的管理过程。不同的人力资源规划体现了不同的人事政策，一般来说有两种：一种是仅考虑组织利益的观点，它认为人力资源规划就是把必要数量和质量的劳动力，安排到组织的各级工作岗位上；另一种是组织与员工利益兼顾的观点，认为人力资源规划就是在保持组织与员工个人利益相平衡的条件下，使组织拥有与工作任务相称的人力。不管从哪种观点上看，为实现组织的目标与任务，人力资源的数量、质量、结构必须符合组织特定的物质技术基础，而至于采取什么方针政策，则取决于企业的经营指导思想。

人力资源规划是指根据企业的发展战略和经营目标，通过对企业未来人力资源的需求和供给状况的分析及估计，对职务编制、人员配置、教育培训、人力资源管理政策、招聘和甄选等内容进行的人力资源管理的职能性计划。

人力资源规划的概念包括以下四层含义。

（1）人力资源规划要适应组织内外部环境的变化。

（2）人力资源规划的制定必须依据组织的发展战略、目标。

（3）制定必要的人力资源政策和措施是人力资源规划的主要工作。

（4）人力资源规划的目的是使组织人力资源供需平衡，保证组织长期持续发展和员工个人利益的实现。

人力资源规划的实质是在组织发展方向和经营管理目标既定的前提下，为实现这一目标而进行的人力资源计划管理，它确定企业需要什么样的人力资源来实现企业目标，并采取相应措施来满足这方面的要求。从总体上看，人力资源规划管理的任务，是确保企业在适当的时间获得适当的人员，实现企业人力资源的最佳配置，使组织和员工双方的需要都能得到满足。

二、人力资源规划的作用

对于企业各项具体的人力资源管理活动而言，人力资源规划不仅具有先导性和全局性，它还能不断地自觉调整人力资源政策和措施，指导人力资源活动的有效进行。具体来说，人力资源规划在企业人力资源管理活动中的作用主要体现在以下几个方面。

（一）人力资源规划是企业发展战略总规划的核心要件

人力资源规划是一种战略规划，主要着眼于为未来的企业生产经营活动预先准备人力，持续和系统地分析企业在不断变化的条件下对人力资源的需求，并开发制定出与企业组织长期效益相适应的人事政策。因此，人力资源规划是企业整体规划和财政预算的有机组成部分，是企业发展战略总规划的核心内容。

（二）确保企业生存发展对人力资源的需求

现代社会变化很快，在日趋激烈的市场竞争大环境中，产品的更新换代速度加快，一项新技术的研究、应用和产业化周期大为缩短，这就意味着企业要不断地采用新技术和新工艺，以提高劳动生产率。从人力资源供给的角度看，企业如果不能事先对内部的人力资源状况进行系统分析，采取有效措施，或挖掘现有员工的潜力，提高他们的素质，或从外部招聘高素质人才，企业势必会面临人力资源短缺的状况。所以人力资源规划需要做到未雨绸缪。另外，企业内部的因素也在不断地变化，如岗位的调动、职务的升降、辞职、辞退、退休等因素，必将影响人力资源的数量和质量，因此，同样需要对人力资源规划进行适时的调整。一般说来，处于稳定状态下的企业并不需要进行专门的、大规模的人力资源规划，这是因为企业的生产工具、技术条件和生产经营范围没有发生很大的变化，人力资源的数量、结构自然也就相对稳定。但从长远来看，大多数企业随着时代的变化将处于不稳定的发展状态之中，企业的生产技术条件和生产规模决定了人力资源的数量和结构会发生较大变化，由此带来人力资源需求量和供给量的变化。这就要求企业提前做出相应的人力资源规划，以满足企业的发展需要。

（三）有利于降低人力资源成本

企业的人工成本中最大的支出是工资，而工资总额在很大程度上取决于企业中的人员分布状况，即处于不同职务或不同级别的员工的数量构成。就一般情况而言，企业发展初期，低工资的员工相对较多，人力资源成本相对较低；企业进入成熟期后，整体规模相应扩张，人力资源的数量和质量均已提高，人力资源成本必然是"水涨船高"。考虑到市场竞争激烈、通货膨胀加剧等因素，人力资源成本还可能会令企业难以负担。如果不进行人力资源规划或者人力资源规划不切实际，必然使企业在人力资源成本方面处于被动局面：一是因预算太低，无法满足企业对人力资源数量特别是质量的要求；二是因人力资源数量和质量的失衡，在对人力资源成本无法控制的同时，造成人力资源数量和质量的浪费。无论哪种情况出现，都会影响企业的整体利益和战略目标的实现。因此，通过人力资源规划，预测企业员工数量变化和结构变化，并做出相应的调整，进而把人力资源成本维持在相对合理的水平线内，无疑是促进企业可持续发展的不可或缺的部分。

（四）人力资源规划不仅是面向企业的计划，也是面向员工的计划

人力资源规划展示了企业内部未来的发展机会，使员工能充分了解自己的哪些需求可以得到满足以及满足的程度。如果员工明确了那些可以实现的个人目标，就会去努力追求，在工作中表现出积极性、主动性、创造性。否则，在前途和利益未知的情况下，员工就会表现出干劲不足，甚至有可能采取跳槽的方法实现自我价值。如果有能力的员工流失过多，就会削弱企业实力，降低士气，从而进一步加速员工流失，使企业的发展陷入恶性循环。一些企业留不住人才，表面上看来这是因为企业无法给员工提供优厚的待遇或者晋升渠道，其实是显示了企业人力资源规划的空白或不足。

（五）有助于提高人力资源利用效率

人力资源计划可以通过控制人员结构和职务结构来避免企业发展过程中因人力资源浪费产生过高的人力成本，使其一定时期内的人力成本是可预计和确定的。因为通过人力资源计划的预测，可以有效调整人员结构，使其尽可能合理化。

三、人力资源规划的原则

（一）目标性原则

人力资源规划作为企业发展规划的重要组成部分，首先要服从企业整体发展目标的需要。虽然人力资源规划的制订范围可以广泛的变动，但是在制订人力资源规划时，不管哪种规划，都必须与企业战略目标相适应，才能保证企业目标与企业资源的协调，保证人力资源规划的准确

性和有效性。

企业的人力资源保障问题是人力资源规划中应解决的核心问题。它包括人员的流入预测、流出预测、人员的内部流动预测、社会人力资源供给状况分析、人员流动的损益分析等。只有有效地保证了对企业的人力资源供给，才可能去进行更深层次的人力资源管理与开发。

（二）动态性原则

任何时候，规划都是面向未来的，而未来总是含有多种不确定的因素，包括内部和外部不确定因素。人力资源规划只有充分地考虑了内外环境的变化，才能适应工作的需要，真正地做到为企业发展目标服务。内部变化主要是指销售的变化、开发的变化、企业发展战略的变化、企业员工流动的变化等；外部变化是指社会消费市场的变化、政府有关人力资源政策的变化、人才市场的供需矛盾的变化等。为了能够更好地适应这些变化，在人力资源规划中应该对可能出现的情况做出预测和风险分析，最好能有面对风险的应急策略。

（三）发展性原则

人力资源规划不仅是面向企业的规划，也是面向员工的规划。企业的发展和员工的发展是互相依托、互相促进的关系。如果只考虑了企业的发展需要，而忽视了员工的发展，则会有损企业发展目标的达成。在知识经济时代，随着劳动者素质的提高，员工越来越重视自身的职业前途。他们不仅视工作为谋生的手段，而且把工作看作是实现自我价值的方式。一项优秀的人力资源规划，一定是能够使企业和员工得到长期利益的计划，一定是能够使企业和员工共同发展的计划。

（四）系统性原则

合理的人力资源结构，不但可以充分地发挥个人的能力，而且可以使组织发挥系统的功能，产生"1＋1＞2"的协同效应。所以人力资源规划要反映出人力资源的结构，让不同种类的人才合理地分配，优势互补，实现组织的系统功能。人力资源系统性原则体现在知识、能力、性格、年龄的互补性等几方面。

第二节 人力资源规划的程序

一、操作程序

人力资源规划的操作程序包括以下七步。

(一) 核查现有人力资源

核查现有人力资源是人员供给预测的基础，它的关键在于弄清现有人力资源的数量、质量、结构及分布状况。

人力资源核查资料至少应包括以下内容。

(1) 个人基本情况。

(2) 录用资料。

(3) 教育资料。

(4) 工作资料。

(5) 工作执行的评价。

(6) 工作经验。

(7) 服务与离职资料。

(8) 工作态度。

(9) 安全与事故资料。

(10) 工作环境资料。

(11) 工作或职务情况。

(12) 工作或职务的历史资料等。

(二) 预测人力资源需求

可与人力资源核查同时进行。主要根据企业发展战略规划和内外条件选择预测技术，然后对人力资源需求的结构和数量进行预测。

预测具体程序如下。

(1) 预测企业未来生产经营状态。

（2）估算各职能工作活动的总量。

（3）确定各职能及各职能内不同层次类别人员的工作负荷。

（4）确定各职能活动及各职能活动内不同层次类别人员的需求量。

（三）预测人员供给量

人员供给量预测包括两个内容：一是内部拥有量预测，根据现有人力资源及其未来的变动情况，预测出现在各规划时间点上的人员供给量；二是外部供给量预测，确定在各规划时间点上各类人员的可供量。

（四）确定纯人员供给量

即比较预测到的各规划时间点上的供给与需求，确定人员在数量、质量、结构及分布上的不一致之处，以获得纯人员需求量。

（五）制定匹配政策

制定匹配政策以确保需求与供给的一致，即制订各种具体的计划，包括晋升计划、补充计划、培训开发计划、配备计划等，保证需求与供给在各计划时间点上的匹配。

（六）确定执行计划

在各分类计划的指导下确定具体实施计划的工作方案。

（七）反馈调整

目的在于为总体计划和具体计划的修订或调整提供可靠的信息，以便对规划进行动态的调整并加强控制。

二、人力资源规划阶段

（一）准备阶段：内外部环境信息采集

调查、收集和整理涉及企业战略决策和经营环境的各种信息，主要包括外部环境信息和内部环境信息。根据企业或部门实际确定人力资源规划的期限、范围和性质，建立企业人力资源信息系统，为预测工作准备精确而翔实的资料。

（二）预测阶段：预测人力资源的需求和供给

在分析人力资源供给和需求影响因素的基础上采用以定量为主，结合定性分析的各种科学预测方法对企业未来人力资源供求进行预测。

（三）制定规划阶段：确定企业人员的净需求

制订人力资源供求平衡的总计划和各项业务计划，通过具体的业务计划使未来组织对人力资源的需求得到满足。

（四）实施和控制阶段：积极反馈、正确评估

（1）编制具体实施计划。

（2）明确相关部门应承担的责任及必要的职权。

（3）建立有效的监控体系。

（4）有效可行的应急（整改）方案。

三、人力资源战略规划流程

战略性人力资源规划要求规划主体在组织愿景、组织目标和战略规划的指引下针对人力资源活动的特点，战略性地把握人力资源的需求与供给，站在战略的高度动态地对人力资源进行统筹规划，努力平衡人力资源的需求与供给，从而促进组织目标的实现。

（一）认识组织愿景、组织目标和战略规划

人力资源战略规划主体只有充分认识组织愿景、组织目标和战略规划，他们所制定的人力资源规划方案才能够有效地协调人力资源活动和组织活动，保证人力资源规划的实施能够促进组织实现其组织愿景和组织目标。

（二）认识组织目标对人力资源活动的影响

人力资源规划主体在充分认识组织愿景、组织目标和战略规划的前提下，还必须认识到组织目标对人力资源活动的影响，从而有针对性地开展相应的人力资源规划活动，制定相应的人力资源规划方案，以协调和支持战略规划的实施，从而促成组织愿景和组织目标的实现。

（三）编制组织发展对人力资源的需求清单

人力资源的两个任务之一就是获取未来人力资源的需求清单。在编制未来人力资源需求清单时应当运用统筹的方法，系统地、动态地考虑由于职位变动和组织发展而导致的人力资源需求。

（四）分析组织内部人力资源供给的可能性

人力资源规划主体在编制人力资源需求清单之后应当分析组织内部人力资源供给的可能性，编制内部人力资源供给清单。人力资源规划主体在分析组织内部人力资源供给的可能性时主要有以下几种方法：建立"技能清单数据库"；利用"职位置换图"；制订"人力持续计划"。

（五）分析组织外部人力资源供给的可能性

当组织内部的人力资源供给无法满足组织未来的人力资源需求时，人力资源规划主体就应当审视组织外部人力资源供给能够满足组织未来人力资源需求的可能性，编制外部人力资源供给清单，从而主动地利用组织外部的条件来支持战略计划的实施，促成组织愿景和组织目标的实现。

（六）编制符合人力资源需求清单的人力资源供给计划

人力资源规划主体在充分认识组织未来人力资源需求和组织内部与外部人力资源供给可能性的基础上，就应当着手编制人力资源供给计划，平衡组织未来人力资源的需求与供给，从而为组织战略规划的实施提供人力资源方面的支持。

（七）制定人力资源规划的实施细则和控制体系

人力资源规划的实施本身需要一套严格的实施细则和控制体系，这样人力资源规划的实施才能够具备相应的控制方法、控制标准以及纠偏措施。

（八）实施人力资源规划并对其进行跟踪控制

人力资源规划的实施细则以及控制体系建立以后，就可以着手进行人力资源规划的实施，在实施过程中应当进行实时跟踪控制，保证人力资源活动不致偏离战略规划的轨道。

（九）采取纠偏措施和重新审视组织愿景、目标和规划

人力资源规划是一个具有闭环特征的程序，因此在实施过程中应当对其进行及时跟踪，及时发现偏差，并采取相应的纠偏措施，从而保证人力资源规划与战略规划保持协调一致。人力资源规划应当持续地审视组织愿景和组织目标，保证人力资源规划能够有利于组织愿景和组织目标的实现，提高自身运作的有效性。

综上所述，战略性人力资源规划要求人力资源规划主体在人力资源规划程序的所有环节中都应当站在战略的高度，充分审视组织自身的资源条件和组织外部环境，在组织愿景、组织目标以及战略规划的指引下制定组织未来人力资源需求清单以及相应的人力资源供给计划，从而支持战略规划的实施，促进组织愿景和组织目标的实现。

第三节　人力资源需求和供给预测

一、人力资源需求预测

（一）人力资源需求预测的含义

人力资源需求预测是指根据企业的发展规划和企业的内外条件，选择适当的预测技术，对人力资源需要的数量、质量和结构进行预测。人力资源规划的目的是使组织的人力资源供需平衡，保证组织长期持续发展和员工个人利益的实现。人力资源需求预测是指企业为实现既定目标而对未来所需员工数量、质量和结构的估算。

（二）人力资源需求预测的分类

人力资源需求预测可以分为现实人力资源需求预测、未来人力资源需求预测和未来流失人力资源需求预测。

1. 现实人力资源需求预测

主要包括：根据工作分析的结果来确定职务编制和人员配置；对现

有人力资源进行清点；根据以上统计结果与有关职能部门进行讨论，修正结论。

2. 未来人力资源需求预测

主要包括：根据企业发展规划，确定各部门的工作量；根据工作量增长情况，确定需增加的职务和人数，并进行汇总统计，该统计结论即未来人力资源需求。

3. 未来流失人力资源需求预测

主要包括：对预测期内退休人员进行统计；根据市场变化，对未来可能发生的离职情况进行预测。

将现实人力资源需求、未来人力资源需求和未来流失人力资源需求汇总，即得企业整体人力资源需求预测。

(三) 人力资源需求的影响因素

1. 企业的人力资源政策

企业人力资源政策特别是薪酬政策对内部和外部人力资源的影响很大，如企业的薪酬政策是否处于同行业的领先水平等，这些对内部和外部的人力资源的吸引都有重要的决定意义。

2. 劳动力成本的变化趋势

随着我国经济的不断发展，劳动力成本呈逐年上升趋势。这对于企业来讲影响很大，企业会最大限度地使用内部员工，尽量不对外招聘新员工，这对企业人力资源需求分析会产生影响。

3. 市场的动态变化

从市场动态看，由于消费者的需求复杂，供求矛盾突出，加之随着城乡交往、地区间的往来的日益频繁，旅游事业的发展，国际交往的增多，人口的流动性越来越大，购买力的流动性、多样性也随之加强，因此，企业要密切注视市场动态，提供适销对路的产品，才能在竞争中立于不败之地。这就要求企业需要对人力资源结构进行不断调整，在进行企业人力资源分析时要充分注意市场的变化。

4. 企业的发展阶段

根据企业发展的生命周期中的不同阶段，在对人力资源进行预测的时候有不同的策略和不同的要求，同时也要考虑在不同的阶段可能影响人力资源的不同因素。可以说在企业生命周期的各个阶段，企业的人力资源供需始终处在不同的状态，也就是说供需平衡的状况是很少的，而供需的矛盾却是经常的。

5. 其他因素

除上述因素外，社会安全福利保障、工作小时的变化、追加培训的需求等因素也应该考虑。

(四) 人力资源需求预测的步骤

企业人力资源需求预测是一个从收集信息和分析问题，到找出问题解决办法并加以实施的过程。这一过程大致包括如下环节。

(1) 根据工作分析的结果，来确定职务编制和人员配置。工作分析包括工作分析和工作评价两部分内容。即借助一定的分析手段，确定工作的性质、结构、要求等基本因素的活动。然后根据工作分析的结果，按照一定标准，对工作的性质、强度、责任、复杂性及所需资格条件等因素的程度差异，进行综合评价，用以确定企业各部门的人员编制及具体要求。

(2) 进行人力资源盘点，统计出人员的缺编、超编及是否符合职务资格要求。人力资源盘点包括统计现有人员的数量、质量、结构以及人员分布情况。企业应当弄清楚这些情况，为人力资源规划工作做好准备。这项工作要求企业建立人力资源信息系统，详细记载企业员工的各种信息，如个人自然情况、录用资料、工资、工作执行情况、职务和离职记录、工作态度和绩效表现等。只有这样，才能全面了解企业人员情况，才能准确地进行企业人力资源规划。

(3) 将上述统计结论与部门管理者进行讨论，修正统计结论，该统计结论为现实人力资源需求。

(4) 根据企业发展规划，确定各部门的工作量。

（5）根据工作量的增长情况，确定各部门还需增加的职务及人数，并进行汇总统计。该统计结论为未来人力资源需求。

（6）对预测期内退休的人员进行统计。

（7）根据历史数据，对未来可能发生的离职情况进行预测。

（8）将（6）（7）统计和预测结果进行汇总，得出未来流失人力资源需求。

（9）将现实人力资源需求、未来人力资源需求和未来流失人力资源需求汇总，得出企业整体人力资源需求预测。

（五）科学运用人力资源需求预测的方法

由于经济全球化及信息技术的飞速发展，使得当今企业面临的内外部环境日趋复杂。如今，企业在进行人力资源需求预测时，考虑的往往不是单个因素的影响，而是多种因素的共同作用和相互影响。人力资源需求预测方法总体上分为定性和定量两大类，下面介绍几种常用的分析方法。

1. 德尔菲法

德尔菲法又称集体预测法，它依据系统的程序，采用匿名发表意见的方式，即专家之间不得互相讨论，不得发生横向联系，经过多轮次调查专家对问卷所提问题的看法，经过反复归纳、征询、修改，最后汇总成专家基本一致的看法，作为预测的结果。这种方法具有广泛的代表性，较为可靠。

德尔菲法一般采用问卷调查的形式，具体操作过程是：首先，在企业内、外广泛选择各个方面的专家，人力资源管理部门要通过对企业战略定位的审视，确定关键的预测方向、相关变量和难点，然后使用匿名填写问卷的方法，设计一套可以使各位专家自由表达自己观点的预测工具系统。其次，人力资源部门需要在每一轮预测后，将专家提出的意见进行归纳，并将综合结果反馈给他们，然后再进行下一轮预测。最后，在重大问题上取得较为一致意见和看法。在预测过程中，人力资源部门应该为专家们提供充足的信息，以便专家能够做出正确的判断。另外，所提出的问题应尽可能简单，以保证所有专家能够从相同的角度理解相关的概念。

德尔菲法的优点是：能充分发挥各位专家的作用，集思广益，准确性高；能把各位专家的分歧点表达出来，取各家之长，避各家之短；能够使专家独立地表达自己的意见，不受其他人的干扰。其缺点是：过程比较复杂，花费时间较长。

2. 转换比率分析法

人力资源需求分析是要揭示未来经营活动所需要的各种员工的数量。转换比率分析法的目的是将企业的业务量转化为人力的需求，是一种适合于短期需求预测的方法。

转换比率分析法的具体操作过程是：第一，估计组织中关键岗位所需的员工数量。第二，根据这一数量估计辅助人员的数量，从而计算出企业的人力资源总需求。企业经营活动规模的估计方法是：

经营收益＝人力资源数量×人均生产

例如：

销售收入＝销售人员数量×人均销售额

在使用这种方法将企业的业务量转换为对人力资源的需求量时，实际上是以组织过去的人力需求数量同某个影响因素的相互关系为依据，对未来的人力需求进行预测。以一所大学为例，当学生的数量增加一定的百分比时，教师的数量也需要相应地增加一定的百分比，否则难以保证学校的学生培养质量。类似的还有根据过去销售额与销售人员数量的比率，预测未来的销售业务量对销售人员的需求；再根据销售人员对文秘人员的比率，预测未来的文秘人员需要量等。

应该注意的是，这种预测方法有两个特点：一是进行估计时需要对计划期内的业务增长量、目前人均业务量、生产率增长率等进行较精确的估计；二是这种预测方法只考虑员工需求的总量，没有说明其中不同类别人员的情况。

3．经验预测法

经验预测法是根据以往的经验进行预测，有些企业常采用这种方法做预测。例如，企业认为车间里一个管理者管理十个员工最佳，因此依据将来生产员工增加数就可以预测管理者的需求量。又如，依照经验，一个员工每天可以加工 10 件上衣，则若要扩大生产规模即可按产量（如上衣件数）计算出员工的需求量。运用这种方法，还可以计算出有关方面的预报数。这种方法的优点是简便易行，通常用于普通的工作岗位，缺点是不够准确。

4．回归分析法

这是数理统计学中的方法，比较常用，它是处理变量之间相互关系的一种统计方法。回归分析法是从过去情况推断未来变化的定量分析方法。最简单的回归分析是趋势分析，即根据企业或企业中各个部门过去的员工数量变动状况，对未来的人力需求变动做出预测。简单的回归分析，是把过去趋势直接导向未来，这实际上是以时间因素作为唯一解释变量，没有考虑未来时间变化中其他相关因素对趋势的影响，因此比较简单。在实际工作中，一般不会这样使用这种回归法。

较为实用的回归分析法是计量模型分析法。它的基本思路是：首先找出对组织中劳动力需求影响最大、最直接的一种变化的规律，并考虑业务规模变动和劳动生产率变化对它的影响；再根据这种趋势对未来的人力需求进行预测；最后用预测的需求数量减去供给的预测数量，就是人力资源净需求的预测量。

5．描述法

描述法是人力资源规划人员通过对本企业组织在未来某一时期的有关因素的变化进行描述或假设，并从描述、假设、分析和综合中对将来人力资源的需求进行预测规划。由于这是假定性的描述，因此人力资源需求就有几种备选方案，目的是适应和应付环境与因素的变化。例如，对某一企业今后三年情况的变化的描述或假设有几种可能性：第一，同类产品可能稳定地增长，同行业中没有新的竞争对手出现，在同行业中技术上也没有新的突破；第二，同行业中出现了几个新的竞争对手，同行业中技术方面也有较大的突破；第三，同类产品可能会跌入低谷、物价暴跌、市场疲软、生产停滞，但同行业中，在技术方面可能会有新的突破。

企业可以根据上述不同的描述和假设的情况预测和制定出相应的人力资源需求备选方案。但是，这种方法由于是建立在对未来状况的假设、描述的基础上，而未来具有很大的不确定性，时间跨度越长，对环境变化的各种不确定性就越难以进行描述和假设，因此，对于长期的预测有一定的困难。

6. 计算机模拟法

这是人力资源需求预测中最复杂也是最精确的一种方法。运用这种方法是在计算机中运用各种复杂的数学模式对在各种情况下企业组织人员的数量和配置运转情况进行模拟测试，从模拟测试中预测出对各种人力资源需求的各种方案以供组织备选。此种方法可以用于评估人力资源政策和项目。

7. 其他分析方法

除以上方法外，还包括微观集成法、散点分析法、人员比例法等。

二、人力资源供给预测

人力资源供给预测是人力资源预测的又一关键环节。只有进行人员拥有量预测，并把它与人员需求相比之后，才能制订各种具体的规划。人力资源供给预测需要从组织内部和组织外部两方面进行。在供给分析中，首先要考察组织现有的人力资源存量，然后在假定人力资源政策不变的前提下，结合企业内外条件，对未来的人力资源供给数量进行预测。

（一）人力资源供给预测的步骤

（1）进行人力资源盘点，了解企业员工现状。

（2）分析企业的职务调整政策和历史员工调整数据，统计出员工调整的比例。

（3）向各部门的人事决策人员了解可能出现的人事调整情况。

（4）将（2）（3）的情况汇总，得出企业内部人力资源供给预测。

（5）分析影响外部人力资源供给的地域性因素。

（6）分析影响外部人力资源供给的全局性因素。

（7）根据（5）（6）的分析，得出企业外部人力资源供给预测。

（8）将企业内部人力资源供给预测和企业外部人力资源供给预测汇总，得出企业人力资源供给预测。

（二）人力资源供给预测的方法

1. 内部供给预测方法

企业内部人力资源供给预测是企业满足未来人力资源新需求的基础，是人力资源的内部来源。内部供给分析的思路是：首先确定各个工作岗位上现有员工的数量，然后估计下一个时期在每个工作岗位可能留存的员工数量。这就需要估计有多少员工将会调离原来的岗位或离开组织。由于实际情况比较复杂，如组织的职位安排会发生变化等，因此在进行预测时，需要依据管理人员的主观判断加以修正。常用的内部供给预测方法有以下几种。

（1）技能清单

技能清单是用来反映员工工作能力特征的列表，这些特征包括培训背景、以前的经历、特有的证书、通过的考试、主要的能力评价等。技能清单是对员工竞争力的反映，可以帮助人力规划工作者估计现有员工调换工作岗位的可能性，决定哪些员工可以补充企业未来的职位空缺。人力资源规划不仅要保证为企业中空缺的工作岗位提供相应数量的员工，还要保证每个空缺都由合适的人员补充，因此，有必要建立员工的工作能力记录，其中包括基层操作员工的技能和管理人员的能力，包括这些技能和能力的种类及所达到的水平。

技能清单可以用于晋升人选的确定，管理人员接替计划的制订，以及对特殊项目的人员分配、调动、培训、工资奖励、职业生涯规划、组织结构分析等。员工频繁调动的企业或经常组建临时性团队或项目组的企业，其技能清单应包括所有骨干员工。而那些主要强调管理人员接替计划的企业组织，技能清单可以只包括管理人员。

(2) 管理人员接替图

管理人员接替图也称职位置换卡，它记录各个管理人员的绩效、晋升的可能性和所需的训练等内容，由此决定有哪些人员可以补充企业的重要职位空缺。

制订这一计划的过程是：对管理人员的状况进行调查、评估，列出未来可能的管理人员人选，又称管理者继承计划。该方法被认为是把人力资源规划和企业战略结合起来的一种较好的方法。管理人员替换模型主要涉及的内容是：对主要管理者的总的评价；主要管理人员的现有绩效和潜力，发展计划中所有接替人员的现有绩效和潜力；其他关键职位上的现职人员的绩效、潜力及对其评定意见。

(3) 马尔可夫分析法

马尔可夫分析法起源于俄国数学家安德烈·马尔可夫对成链的试验序列的研究，是以马尔可夫的名字命名的一种特殊的市场预测方法，主要用于市场占有率的预测和销售期望利润的预测，也是组织内部人力资源供给预测的一种方法，用于预测具有相等时间间隔的时刻点上各类人员的分布状况。在具体运用中，假设给定时期内从低一级向上一级或从某一职位转移到另一职位的人数是起始时刻总人数的一个固定比例，即转移率一定，在给定各类人员起始人数、转移率和未来补充人数的条件下，就可以确定出各类人员的未来分布状况，作出人员供给的预测。这种分析方法通常通过流动可能性比例矩阵来预测某一岗位上工作的人员流向组织内部另一岗位或离开的可能性。简言之，就是找出过去人事变动的规律，以此来推测未来的人事变动趋势。

2. 外部供给预测

当企业内部的人力供给无法满足需要时，企业就要分析企业外部的人力供给情况。一般来说，进行外部供给预测，应考虑以下几个方面的因素。

（1）宏观经济形势和失业预期的影响

主要了解劳动力市场供给情况，判断预期失业率。一般说来，失业率越低，劳动力供给越紧张，招聘员工越困难；失业率越高，劳动力供给越充足，招聘员工越容易。

（2）地域性因素

地域因素包括企业所在地的人力资源整体现状、企业所在地的有效人力资源的供求现状、企业所在地对人才的吸引程度、企业薪酬对所在地人才的吸引程度、企业能够提供的各种福利对当地人才的吸引程度、企业本身对人才的吸引程度等。外部供给是企业在劳动力市场采取的吸引行动引起的，所以，外部供给分析也需要研究企业可能吸引的潜在员工的数量、能力等因素。企业可以根据过去的招聘与录用经验，了解那些有可能进入组织的人员状况，以及这些潜在员工的工作能力、经验、性别和成本等方面的特征，从而把握他们能够承担组织中的哪些工作。

（3）劳动力市场状况的影响

劳动力市场是人力资源外部供给预测的一个重要因素。据此可以了解招聘某种专业人员的潜在可能性。有些机构定期为企业进行外部劳动力市场条件的预测和劳动力供给的估计。劳动力市场对企业人力资源外部供给预测有十分重要的影响，主要涉及几个方面：劳动力供应的数量；劳动力供应的质量；劳动力对职业的选择；当地经济发展的现状与前景；为员工提供的工作岗位数量与层次，为员工提供的工作地点、工资、福利等。这种分析的主要意义在于为企业提供一个研究新员工的来源和他们进入企业方式的分析框架。

（4）国家政策法规的影响

特别是国家的教育政策、产业政策、人力资源政策等，对人力资源供给的影响更大。对于一个国家来说，为了及时有效地供给人力资源，要从政策环境运行机制上努力培育劳动力和人才市场，完善劳动力和人才市场体系，健全各种必需的法律和法规，充分发挥劳动力或人才市场对人力资源的有效配置作用。

（5）科学技术的发展

科学技术的发展，特别是互联网技术和计算机技术的迅速发展，对人力资源的外部供给产生很大影响。比如，掌握高科技的白领员工需求量增加，以前需要大量蓝领员工的纺织业、冶金业正在不断更新、裁员，而信息技术产业、电子工业、生物工程、材料工业等领域则需要大量白领员工；随着办公室自动化的普及，中层管理人员大规模削减，而有创造力的人员却更显珍贵；科学技术的发展使人们从事生产的时间越来越少，闲暇时间越来越多，因此服务行业的劳动力需求量越来越大。

三、当前企业人力资源规划应对措施

制订和有效实施人力资源规划的应对措施主要有以下几个方面。

（一）明确人力资源规划战略目标

人力资源规划的前提是首先要明晰企业战略，然后分解到人力资源方面，制订人员需求计划、招聘计划、薪资福利计划等与之相配套。人力资源部门要搞清企业未来的行业定位、经营策略、经营规模和产值目标等。这就决定了企业需要选择什么样的人才，人力资源规划才能有的放矢。

（二）建立多维交叉体系的规划工作机制

人力资源规划是一项系统的工作，需要企业全员上下协同，上至企业董事长下至普通员工都应承担相应的责任，都应为人力资源规划建言献策。企业的人力资源规划是由决策层、人力资源管理部门、一线经理等协同工作，且分工负责完成的。企业决策层负责人力资源战略规划，同时，与一线经理和人力资源部门共同制订规划方案，并支持下属实施方案；人力资源管理部门负责人力资源的分析和预测，协助决策者制订规划方案，并做好方案的评价，支持一线部门实施规划等；一线经理负责人力资源的核心业务，具体包括招聘、培训、绩效考核、薪酬管理等，参与决策层和人力资源管理部门工作。

(三) 完善人力资源信息系统

管理者在决策时需要准确、及时和相关的信息资料，运用现代化手段可以大大提高信息获取的效率。人力资源管理部门有必要对客户、业务和市场进行深入接触和了解，把握整个企业发展走向，洞察整个行业走势。人力资源管理模式也必须是动态的、变化的。

(四) 提高人力资源从业人员素质

人力资源部门要为业务部门提供增值服务，就需要了解企业的经营目标、各业务部门的需求，围绕目标实现的高度来设计对员工的基本技能和知识、态度的要求，深入企业来调动和开发人的潜能。工作是否具有预见性、有无管理技能及对管理的操作能力成为衡量人事经理是否称职的重要标准。人力资源规划是独特的工作，对从业人员的个人素质、领导能力和学习能力要求都很高。

(五) 优化人力资源规划工作环境

在企业的人力资源规划中应该充分注意与企业文化的融合，使其具有符合本企业的人力资源特色，另外，人力资源规划的实施需要一个和谐的环境。人力资源规划不仅是面向企业的发展目标，也是面向员工个人的职业生涯设计。企业人力资源规划方案实施研究在评价人力资源规划实施效果时应从以下因素进行分析。

(1) 实际的员工绩效与事先建立时的雇员的要求相比。

(2) 生产力水平与建立的目标相比。

(3) 实际人员流动率与期望的人员流动率相比。

(4) 实际执行的行动方案与规划的行动方案相比。

(5) 方案执行的结果与期望的产出相比。

(6) 方案执行的成本与预算相比。

(7) 方案的投入产出比。

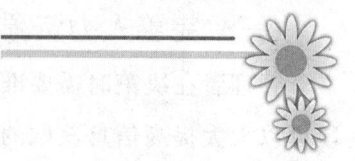

第三章　员工招聘与录用

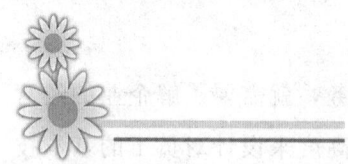

第一节　员工招聘概述

人是企业最宝贵的资源。现代企业之间的竞争，说到底是人才的竞争。特别是知识经济时代，人力资源的重要性日益突出，企业管理已经从强调对物的管理转向强调对人的管理。重视人员的招聘，实现有效招聘可为企业输送源源不断优质的人力资源。这样，企业才能生产出高质量的产品，实现高效率经营，从而在竞争激烈的市场中立于不败之地。

一、有效招聘的意义

（一）确保录用人员的质量，提高企业核心竞争力

招聘工作作为企业人力资源管理开发的基础，一方面直接关系到企业人力资本的获取与提升，另一方面直接影响企业人力资源开发管理等其他环节工作的开展。拥有高素质的一线员工，才能保证产品和服务的高质量；拥有高素质的技术人员，才能保证企业的研发计划高效有序地实施；拥有高素质的管理人员，才能保证组织战略的准确领会和贯彻，使企业获得竞争优势。

（二）降低招聘成本，提高招聘的工作效率

招聘应同时考虑三方面的成本：一是招聘直接成本，包括招聘过程

中的广告费、招聘人员的差旅费、考核费、办公费及聘请专家费用等；二是重置成本，是指因招聘成果不佳需要重新招聘时产生的费用；三是机会成本，是指因人员离职及新员工尚未完全胜任工作产生的成本。招聘的职位越高，招聘成本越大。既要将招聘成本降到最低，又要保证录用人员的素质，是招聘成功的重要衡量指标之一。

（三）为企业注入新的活力，增强企业的创新力

招聘会为岗位配置新的人员，新员工将新的管理思想和新的工作模式带入工作中，特别是从外部吸收的人力资源，既为企业增添了新生力量，弥补了企业内部人力资源的不足，又给企业带来新思维、新观念和新技术。

（四）降低员工离职率，增强企业内部的凝聚力

有效的人力资源招聘，一方面，可以使企业更多地了解应聘者到本企业工作的动机和目的，从诸多候选人中选出个人发展目标和企业目标趋于一致并愿意与企业共同发展的员工；另一方面，可以使应聘者更多地了解企业、企业文化及应聘岗位，让他们根据自己的能力、兴趣与发展目标来决定是否加盟企业。有效的双向选择可以使员工认同企业文化和价值观，愉快地胜任所从事的工作，降低员工离职率，增强企业的凝聚力。

（五）有利于人力资源的合理流动和人力资源潜能的发挥

一个有效的招聘体系，能促使员工通过合理流动找到适合的岗位，实现能力与岗位相匹配。调查表明，员工在同一岗位八年以上，容易出现疲顿现象，而合理流动会使员工感受到来自新岗位的压力与挑战，激发员工的内在潜能。

（六）扩大企业知名度，树立企业良好形象

招聘的目的绝不是简单地吸引大批应聘者，人力资源招聘的根本目的是获得企业所需的人员、减少不必要的人员流失，同时招聘还有潜在的目的：树立企业形象。企业可以利用各种招聘渠道发布招聘信息，提

升企业知名度，表明企业实力，让社会更多地了解企业，从而展示企业的良好形象。

二、招聘的基本含义

招聘，是指在企业总体发展战略规划的指导下，用人单位制订相应的职位空缺计划，并寻找合格员工的可能来源，吸引他们到本组织应征来填补这些职位空缺，同时加以录用的过程。

招聘可以分为"招募"和"甄选"两个阶段。人力资源的招募是企业以发现和吸引潜在雇员为主要目的而采取的任何做法或行动，这是招聘的前期阶段，它在人力资源规划和实际的新员工甄选之间架起了一座桥梁；所谓甄选，是对已经获得的可供任用的人选做出进一步的甄别、比较，从而确定本单位最后录用的人员，它是招聘的后一阶段，也是招聘工作任务的最终完成阶段。

由此可见，招募是聘用的基础和前提，聘用是招募的目的。招募主要是以宣传来扩大影响，达到吸引人应征的目的；而聘用则是使用各种选择方法和技术挑选合格员工的过程。就招聘者而言，其使命就在于让最适合的人在最恰当的时间位于最合适的位置，为组织做出最大的贡献。

因此，有效招聘是指组织或招聘者在适宜的时间范围内采取适宜的方式实现人、职位、组织三者的最佳匹配，以达到因事任人、人尽其才、才尽其用的互赢共生目标。它包括四大要件：申请者—职位匹配；申请者—组织匹配；职位—组织匹配；时间—方式—结果匹配。

三、招聘的原则

招聘工作应当坚持以下基本原则。

(一) 全面原则

对应聘人员从品德、知识、能力、智力、心理、过去工作的经验和业绩进行全面考试、考核和考察。因为一个人能否胜任某项工作或者发展前途如何，是由其多方面因素决定的，特别是非智力因素对其将来的发展起着决定性作用。所以，应尽可能地采取全方位、多角度的评价方法，客观地衡量申请者的竞争优势与劣势以及其与职位、组织间的适宜性。

（二）公平原则

公平原则指对所有应聘者要一视同仁，不得人为地制造各种不平等的限制或条件（如性别歧视）和各种不平等的优先优惠政策，努力为有志之士提供平等竞争的机会，不拘一格地选拔、录用各方面的优秀人才。

（三）公开原则

公开原则指把招聘单位、职位名称、数量、入职的资格、条件、测评的方法、内容和时间等信息向可能应聘的人群或社会发布公告，公开进行。一方面，给予社会上的人才以公平竞争的机会，达到广招人才的目的；另一方面，使招聘工作置于社会的公开监督之下，防止不正之风的蔓延。

（四）竞争原则

竞争原则指通过考试竞争和考核鉴别，确定人员的优劣和人选的取舍。为了达到竞争的目的，一要动员、吸引较多的人员报考；二要严格考核程序和手段，科学地开展招聘工作，防止"拉关系""走后门""裙带风"、贪污受贿和徇私舞弊等现象的发生，通过激烈而公平的竞争，选择优秀人才。

（五）能岗匹配原则

招聘时应坚持所招聘的人的知识、能力、素质与岗位要求相匹配。俗话说"骏马能历险，犁田不如牛"，一定要从专业、能力、特长、个性特征等方面衡量人与职位之间是否匹配。招聘的目标是实现能力与岗位的匹配。

（六）遵守国家法律的原则

在招聘过程中，企业应严格遵守《中华人民共和国劳动法》及相关劳动法规的规定，坚持平等就业、双向选择、公平竞争，反对种族歧视、年龄歧视、信仰歧视，尤其对弱势群体应该给予保护和关心。严格控制未成年人就业，保护妇女儿童合法权益。

四、招聘与人力资源管理其他职能活动的关系

首先，科学的招聘工作是以人力资源规划和职位分析作为前提和基础的。只有通过预测未来的人力资源需求和供给，企业才能决定是否需要进行招聘以及需要招聘的空缺职位是什么；而招聘的标准，也就是需要什么样的人来填补这些空缺职位，则要通过职位分析才能够得到。在现实中，如果我们留心观察，不难发现企业所发布的招聘信息，很多时候，其实就是一个比较简单的职位说明书。

其次，招聘工作直接影响着选拔录用的效果。由于招聘和录用是紧密联系在一起的两个活动，它们在时间上有先后，一般来说，选拔录用要在招聘的基础上进行，因此，招聘工作的好坏会直接影响选拔录用的效果。如果吸引的应聘者数量过少或者质量不高，企业挑选的余地就会大大缩小；但是如果吸引的应聘者数量过多，也会给后面的选拔过程增加负担，增加选拔录用的成本。

最后，招聘工作需要人力资源管理其他职能的配合。由于在招聘过程中需要向外界进行有关企业的宣传，招聘人员必须充分了解企业各个方面的情况，因此，需要对他们进行相关的培训，这就要借助培训开发；此外，为了使招聘活动更有成效，企业必须增强自身的吸引力，提供具有竞争力的报酬就是其中一个很重要的方面，这要依赖于薪酬管理的有效实施。

五、招聘工作程序

组织的人员招聘与甄选工作是一个复杂、完整而又连续的程序化过程。外部求职者希望把自己配置到组织内部，内部员工希望在这一过程中流动到更合适的岗位上，组织则是在寻找合适的任职者，这个过程的

每一部分都是为了保证组织人员录用的质量，为组织选拔出合格、优秀的人才。

第二节 员工招聘的准备

一、制订招聘计划

由于内部招聘是在企业内部进行的，相对比较简单，因此，招聘计划大多是针对外部招聘而制订的。一般来说，招聘计划的主要内容包括：招聘规模、招聘基准、招聘时间及招聘成本预算，企业还可以根据自己的情况再增加其他的内容。

(一) 招聘计划的内容

一般而言，企业招聘计划包括以下内容。

(1) 人员需求清单，包括拟招聘的职务名称、人数、任职资格要求等内容。

(2) 招聘信息发布的时间和渠道。

(3) 招聘团队人选，包括人员姓名、职务、各自的职责。

(4) 应聘者的考核方案，包括考核的场所、大体时间、题目设计者姓名等。

(5) 招聘的截止日期。

(6) 新员工的上岗时间。

(7) 招聘费用预算，包括资料费、广告费、人才交流会费用等。

(8) 招聘工作时间表，尽可能详细，以便于他人配合。

(9) 招聘广告样稿。

(二) 制订招聘计划的注意事项

在制订招聘计划过程中，还要特别注意以下几点。

1. 录用人数以及招聘规模

(1) 确定计划录用的员工总数。为确保企业人力资源构成的合理性，各年度的录用人数应大体保持均衡。录用人数的确定，还要兼顾录用后员工的配置、晋升和退休金支付等问题。另外，在一定情况下，还要根据企业的实际情况考虑到男女比例。

（2）确定招聘规模。招聘规模就是指企业为了达到规定录用率，准备通过招聘活动吸引多少数量的应聘者。招聘活动吸引的人员数量既不能太多也不能太少，而应当控制在一个合适的规模。一般来说，企业是通过招聘录用的"金字塔"模型来确定招聘规模的，也就是说，将整个招聘录用过程分为若干个阶段，以每个阶段通过的人数与参加人数的比例来确定招聘的规模。

在使用"金字塔"模型确定招聘规模时，一般是按照从上至下的顺序来进行的，而招聘规模的确定，取决于两个因素：一是企业招聘录用的阶段，阶段越多，招聘的规模就越大；二是各个阶段通过的比例，这一比例的确定需要参考企业以往的历史数据和同类企业的经验，每一阶段的比例越高，招聘的规模就越大。

2. 招聘时间

有效的招聘计划还应该注意另外一种信息，即精确地估计从候选人应聘到雇用之间的时间间隔。随着劳动力市场条件的变化，这些数据也要相应地发生变化。由于招聘工作本身需要耗费一定的时间，再加上选拔录用和岗前培训的时间，因此，填补一个职位空缺往往需要相当长的时间，为了避免企业因缺少人员而影响正常的运转，企业要合理地确定自己的招聘时间，以保证职位空缺的及时填补。

（1）遵循劳动力市场的人才规律。一般来说，每年的大学毕业生就业阶段是人才寻找就业机会的高峰，这段时间一般是从每年的 11 月开始，到第二年的五六月结束。在这个时期进行人员招聘，因为劳动力供给充分，所以可以在较大程度上雇用到素质较高的员工，同时也有利于节约招聘成本。

（2）制订招聘时间计划。根据工作经验，计划好招聘各阶段的时间。招聘时间的选择最常用的方法是时间流逝数据法（Time Lapse Data，TLD），该方法显示了招聘过程中关键决策点的平均时间间隔，通过计算这些时间间隔来确定招聘的时间。例如，企业计划在未来 6 个月招聘 30 位销售人员，根据"金字塔"模型确定的招聘规模为 3000 人。TLD 分析表明，根据以往的经验，在招聘广告刊登 10 天内征集求职者简历，初步筛选需要 5 天，进行个人面试安排需要 5 天，面试后企业需要 4 天做出录用决策，得到录用通知的人需要 10 天做出是否接受工作的决定，接受职位的人需要 10 天才能到企业报到。按照这样估计，企业应在职位出现空缺之前 40 天就开始进行招聘。在使用这种方法确定招聘时间时也要考虑两个因素：整个招聘录用的阶段和每个阶段的时间间隔，阶段越多，每个阶段的时间越长，招聘开始的时间就应该越早。

3．录用基准

即确定录用人才的标准。除个人基本情况外（年龄、性别等），录用人才的标准可以归纳为五个方面：与工作相关的知识背景、工作技能、工作经验、个性品质、身体素质。这里要明确哪些素质是职位要求所必需的，哪些是希望应聘者具有的。

4．录用来源

确定从哪里录用人才。确定录用来源有助于企业有效地把时间花费在某一劳动力市场上。费用最高的来源通常是猎头公司，其代理费大约为个人年薪的 1/3。企业招聘高级管理人才时比较适用，而一般人员的招聘可到职业介绍所，费用较低。组织应根据成本及时间间隔数据定期收集、评价招聘来源信息，对各种信息来源进行分类，选择那些性价比高的提供适当人选的信息来源。

5．招聘成本计算

招聘成本就是招聘一个职位所需要的成本。单位招聘成本评价模式是对人力资源招聘工作量化和价值化的考察工具之一，包括内部成本和外部成本。单位招聘成本把内外部成本包容进来不仅是人力资源的要求，也是出于把招聘工作当作一种系统的动态工作流程考虑，它使得人力资源招聘与员工薪酬、人力资源保留联系起来。

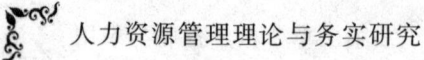

企业的招聘成本中的大部分来自内部成本，招聘的内部成本一般由以下几项费用组成。

（1）人工费用，就是企业招聘人员的工资、福利、差旅费、生活补助、加班费用等。

（2）业务费用，包括通信费（电话费、上网费、邮资和传真费）、专业咨询与服务费（为获取中介信息而支付的费用）、广告费（在电视、报纸等媒体发布广告的费用）、资料费（企业印刷宣传材料和申请表的费用）、办公用品费（纸张、文具的费用）等。

（3）其他费用，包括设备折旧费、水电费、物业管理费等。

外部成本所占的比例较小，主要是一些由于外部招聘环境变化而产生的成本投入附加值。

在计算招聘费用时，应当仔细分析各种费用的来源，把它们归入相应的类别中，以避免出现重复计算。

二、招聘渠道的确定

所谓"千军易得，一将难求"，企业要找到适合的人才，就必须广开渠道，灵活运用多种招聘方式。一般情况下，企业的招聘方式主要有外部招聘与内部选拔两种，同时这两种方式又与很多招聘渠道有着千丝万缕的联系。只要利用好这些方式与渠道，企业这棵"梧桐树"就不怕招不来"金凤凰"。

（一）内部招聘

内部招聘是指当企业出现了职位空缺的时候，优先考虑企业内部员工并调整到该岗位的方法。这首先提升了员工的工作兴趣和积极性；其次节省了外部招聘的成本。如果选择了内部招聘的方式，人力资源部门就需要将用人信息首先在企业内部进行发布公开，其余的甄选程序和外部招聘是一样的。内部招聘的方式主要有以下几种。

1. 提拔晋升

给员工升职、发展的机会，对于激励员工非常有利。从另一方面来讲，内部提拔的人员对本单位的业务工作比较熟悉，能够较快适应新的工作。

2．工作调换

工作调换也叫作"平调"，是在内部寻找合适人选的一种基本方法。这样做的目的是要填补空缺，但实际上它还起到许多其他作用。

3．工作轮换

工作轮换和工作调换有些相似，但又有不同。例如，工作调换从时间上来讲往往较长，而工作轮换则通常是短期的，有时间界限的。另外，工作调换往往是单独的、临时的，而工作轮换往往是两个以上、有计划地进行的。工作轮换可以使单位内部的管理人员或普通人员有机会了解单位内部的不同工作，给那些有潜力的人员提供以后可能晋升的条件，同时也可以减少部分人员由于长期从事某项工作而带来的烦躁和厌倦等感觉。

4．人员重聘

有些单位由于某些原因会有一些下岗人员、长期休假人员、已在其他地方工作但关系还在本单位的人员等。这些人员中，有的恰好是内部空缺需要的人员。他们中有的人素质较高，对这些人员的重聘会使他们有再为单位尽力的机会。另外，单位雇用这些人员可以使他们尽快上岗，同时减少了培训等方面的费用。

（二）外部招聘

组织从外部招聘人员的渠道很多。那些快速成长的组织，或者需要招聘大量有熟练技术或者管理才能的员工的组织就需要从外部招聘。外部招聘的方式主要有以下几种。

1．广告

广告是企业招聘人才最常用的方式，一方面，招聘可以很好地树立企业的形象；另一方面，信息传播范围广，速度快，获得的应聘人员的信息量大，层次丰富。借助广告招聘时需要考虑两个问题：一是广告媒体的选择，二是广告内容的构思。

可选择的广告媒体很多：网络广告、报纸广告、杂志广告、电视广告、印刷品广告等，各种广告媒体分别具有自己的优点和缺点，企业应当根据具体的情况来选择最合适的媒体。

综上，企业应根据所要招聘的职位类型确定何种媒体是最好的选择，是地方性报纸还是全国发行的报纸，是大众读物还是技术性杂志等。选择在什么媒体上登广告之后，企业就要选择具体在媒介中的哪一家进行刊登，这就需要对不同的报纸、杂志、电视台的发行量、收视率有所了解。进行广告招聘时，广告费用也是一个不可忽略的问题。如果组织在进行大规模的人员招聘时或是人员招聘难度大时，可以采取多种招聘广告媒体，力求覆盖目标人群的接触范围。

2. 现场招聘会

每年政府都会组织大量的招聘会来促进就业，每年也会有大量的企业积极参加招聘会。参加现场招聘会也是企业搜寻人才的大好机会，这种招聘途径可以让企业与应聘者直接进行面对面的交谈，企业也可以利用招聘会进行一定程度的企业形象宣传，简单而有效。

3. 猎头公司

在员工素质变得越来越重要的今天，好的猎头公司毫无疑问是企业发展的推进器。因此，怎样才能利用好猎头公司就成了企业人力资源工作者亟待解决的重要问题。针对这个问题，企业应该采取一些必要的策略。

（1）给猎头公司合理的利润。

（2）相互依赖、相互尊重。

（3）及时与猎头公司沟通。

（4）信用第一。

（5）把握好猎头公司的数量。

4. 人才中介机构

社会上有各种人才中介机构，其中有人事部门开办的人才交流中心、劳动部门开办的职业介绍机构，还有一些私营的职业介绍机构。这些人才中介机构都是用人单位和求职者之间的桥梁，为用人单位推荐用人，为求职者推荐工作，同时也举办各种形式的人才交流会、招聘会、洽谈会等。

一般来说，企业在这些人才交流机构中获得的职位候选人多数是较低职位的职员或者具备特殊技能的技工，另外，如果想寻找临时员工，借助人才中介机构也是不错的选择。

目前社会上的人才中介机构良莠不齐，因此，在选择人才中介机构时一定要慎重，一定要选择那些正规合法、声望好、有实力的人才中介机构。

5．校园招聘

由于大学毕业生学历较高，可塑性强，被形象地比喻为"钻石的裸石"。因此，各类高校是企业人才资源的重要来源。一般企业吸引大学毕业生的方法有五种。

（1）在学校设立奖学金，吸引学生毕业后去该企业工作。

（2）为学生提供实习机会和暑期雇佣机会，以期日后确定长久的雇佣关系，并达到试用观察的目的。

（3）在学校中建立"毕业生数据库"，对毕业生逐个进行筛选。

（4）通过定向培养、委托培养等方式直接从学校获得所需人才。

（5）在学校召开招聘会、企业宣讲会、发布招聘广告等。

（三）内部招聘和外部招聘的利弊比较

1．内部招聘的优点

（1）能够对组织员工产生较强的激励作用。对获得晋升的员工来说，由于自己的能力和表现得到了企业认可，会产生强大的工作动力，其绩效和对企业的忠诚度便随之提高。对其他员工而言，由于组织为员工提供晋升机会，从而感到晋升有望，工作就会更加努力，增加对组织的忠诚和归属感。这样，内部招聘就把员工的成长与组织的成长连为一体，营造积极进取追求成功的氛围，实现企业与员工的共同发展。

（2）有效性更强，可信度更高。由于企业管理人员对该员工的业绩评价、性格特征、工作动机以及发展潜力等方面都有比较客观、准确的认识，信息相对外部人员来说是对称的、充分的，在一定程度上减少了"逆向选择"甚至是"道德风险"等方面的问题，从而减少了用人方面的失误，提高人事决策的成功率。

（3）内部员工适应性更强。从运作模式看，现有的员工更了解本组织的运作模式，与从外部引进的新员工相比，他们能更好地适应新工作。从企业文化角度来分，内部员工已经认同并融入企业文化，与企业形成事业和命运的共同体，更加认同企业的价值观和规范，有更高的企业责任心和对企业的忠诚度，进入新的岗位适应性更强。

（4）招聘费用低。"本部制造"可以节约高昂费用，如广告费、招聘人员和应聘人员的差旅费等，同时还可以省去一些不必要的培训，减少了间接损失。另外，一般地说，本部候选人已经认可企业现有的薪酬体系，其工资待遇要求会更符合企业的现状。

2. 内部招聘的缺点

（1）可能造成内部矛盾。"本部制造"需要竞争，而竞争的结果是失败者占多数。竞争失败的员工可能会心灰意冷，士气低下，不利于组织的内部团结。内部招聘还可能导致部门之间"挖人才"现象，不利于部门之间的协作。此外，如果招聘中按资历而非能力进行选择，将会诱发员工养成"不求有功，但求无过"的心理，使优秀人才流失或被埋没，削弱企业的竞争力。

（2）容易造成"近亲繁殖"。同一组织内的员工有相同的文化背景，可能产生"团队思维"现象，抑制了个体创新。尤其是当组织内重要职位由基层员工提拔，进而僵化思维意识，不利于组织的长期发展。

（3）失去选取外部优秀人才的机会。一般情况下，外部优秀人才是比较多的，一味寻求内部招聘，降低了外部"新鲜血液"进入本组织的机会，表面上看是节约了成本，实际上是对机会成本的巨大浪费。

（4）除非有很好的发展/培训计划，内部晋升者不会在短期内达到对他们预期的要求，内部发展计划的成本比雇用外部直接适合需要的人才要高，且多个被提升员工由于"彼得原理"可能不能很好地适应工作，从而影响组织整体的运作效率和绩效。

3．外部招聘的优点

（1）人员选择范围广泛。从外部找到的人员比内部招聘多得多，不论是从技术、能力和数量方面讲都有很大的选择空间。

（2）外部招聘有利于带来新思想和新方法。外部招聘来的员工会给组织带来"新鲜的空气"，会把新的技能和想法带进组织。这些新思想、新观念、新技术、新方法、新价值观、新的外部关系，使得企业充满活力与生机，能帮助企业用新的方法解决一直困扰组织的问题。

（3）大大节省了培训费用。从外部获得有熟练技术的工人和有管理才能的人往往要比内部培训节省培训成本，特别是在组织急需这类人才时尤为重要。这不仅节约了培训经费和时间，还节约了获得实践经验所交的"学费"。

（4）产生鲇鱼效应。外部招聘人才可以在无形中对原有员工施加压力，形成危机意识，激发斗志和潜能。压力带来的动力可以使员工通过标杆学习而共同提高。

（5）有利于树立形象。外部招聘也是一种十分有效的交流方式，外部招聘会起到广告的作用。在外部招聘的过程中，企业可以借此在潜在员工、客户和其他外界人士中树立积极进取、锐意改革的良好形象，从而形成良好的口碑。

（6）有利于平息和缓和内部竞争者之间的紧张关系。内部竞争者由于彼此机会均等，可能在同事之间形成互相竞争的局面，进而可能因为同事的晋升而产生不良情绪，如懈怠、不服从管理，从而不利于企业的运作和管理，外部员工的引入可能对于此种情况产生平衡的作用，避免了组织成员间的不团结。

（7）从宏观意义上说，外部招聘可以在全社会范围内优化人力资源配置，促进人才合理流动，加速全国性的人才市场和职业经理市场的形成，节约整个社会的教育和培训成本，具有明显的外部经济性，具有巨大的社会效益。

4. 外部招聘的缺点

（1）外部招聘选错人的风险比较大。外部招聘通过几次短时间的接触，就必须判断候选人是否符合本组织空缺岗位的要求，而不像内部招聘那样经过长期的接触和考察，所以，很可能因为一些外部的原因而做出不准确的判断，进而增加了决策风险。

（2）需要更长的培训和适应阶段。即使是一项对组织来说很简单的工作，员工也需要对组织的人员、程序、政策和组织的特征加以熟悉，而这是需要时间的。另外，从外部招聘的人员还有可能出现"水土不服"的现象，其个人特质很难融入企业文化潮流之中，导致人际关系复杂，工作不顺，影响其积极性和创造力的发挥。

（3）内部员工可能感到自己被忽视。外部的招聘会影响组织内部那些认为自己可以胜任空缺职位员工的士气。

（4）外部招聘可能费时费力。与内部招聘相比，无论是引进高层人才还是中低层人才，都需要相当高的招聘费用，包括招聘人员的费用、广告费、测试费、专家顾问费等。来自外部的员工通常需要比较长的时间去了解组织及其产品和服务、同事以及客户，完成这个社会化的过程。虽然候选人可能具备出色的技能、培训经历或经验，并且在其他组织中也干得比较成功，但是这些因素并不能保证其在新组织中获得同样的成功或有能力适应新组织的文化。

（5）外部人才之间、外部人才和内部人才之间往往存在复杂的矛盾。主要是相互不服气及"盲目排外"情结。这些矛盾进而引发部门之间的矛盾，个人行为上升到组织行为，导致部门之间协调配合不够、相互拆台，战略措施、方针政策得不到很好的贯彻执行。

第三节　人员甄选

人员甄选是指从应聘者的资格审查开始，经过用人部门与人力资源部门共同初选、面试、测试、体检、个人资料核实到人员录用的过程，是整个招聘工作中关键的、技术性最强且难度最大的一个环节。

一、履历分析

履历分析，是通过对评价者的个人背景、工作与生活经历进行分析，来了解一个人的成长历程和工作业绩，判断其对未来岗位的适应性。近年来，这一方式越来越受到人力资源管理部门的重视，被广泛地用于人员选拔等人力资源管理活动中。使用个人履历资料，既可以用于初审个人简历，迅速排除明显不合格的人员，也可以根据与工作要求相关性的高低，事先确定履历中各项内容的权重，把申请人各项得分相加得总分，再根据总分确定选择决策。

一般通过求职申请表或简历对应聘者进行履历分析和初步筛选。

二、笔试

笔试是一种与面试对应的测试，是考核应聘者学识水平的重要工具。这种方法可以有效地测量应聘者的基本知识、专业知识、管理知识、综合分析能力和文字表达能力等素质及能力的差异。

笔试在员工招聘中有相当大的作用，尤其是在大规模的员工招聘中，它可以快速地把员工的基本活动了解清楚，然后划分出一个基本符合需要的界限。笔试适用面广，费用较少，可以大规模地运用。但是分析结果时需要较多的人力，有时，被试者会投其所好，尤其是在个性测试中更加明显。

（一）笔试的形式

笔试形式主要有七种：选择题、是非题、匹配题、填空题、简答题、回答题、小论文，每一种笔试形式都有它的优缺点。比如，论文笔试是以长篇的文章表达对某一问题的看法，并表达自己所具有的知识、才能和观念等。

（二）笔试的类型

1. 技术性笔试

技术性笔试主要针对研发型和技术类职位的应聘，这类职位的特点是：对于相关专业知识的掌握要求比较高，题目特点是主要关于涉及工作需要的技术性问题，专业性比较强。这类考试的结果与学生大学四年的学习成绩密不可分。所以，要成功应对这类考试，需要有坚实的专业基础。

对于这类技术性岗位，大企业和小企业的笔试内容的侧重点有很大的区别。一般小企业注重实用性，考得比较细，目的就是拿来就用。大企业则强调基础和潜力，所以考得比较泛泛，多数都是智力测验、情感测验，还有性格倾向测验。

2. 非技术性笔试

这类笔试一般来说更常见，对于应试者的专业背景的要求也相对宽松。非技术性笔试的考察内容相当广泛，除了常见的阅读和写作能力、逻辑思维能力、数理分析能力外，有些时候还会涉及生活常识、情景演绎，甚至是智商测试等。

三、面试

（一）面试的含义

面试是在特定场景下，通过评价者与被评价者双方面对面的观察、交谈，收集有关信息，从而由表及里地测评被评价者的素质状况、能力特征以及动机的一种人事测量方法。可以说，面试是人事管理领域应用最普遍的一种测量形式，企业组织在挑选职工时最常用的一种重要方法。

面试给企业和应聘者提供了进行双向交流的机会，能使企业和应聘者之间相互了解，从而双方都可更准确地做出聘用与否、受聘与否的决定。

（二）面试分类

面试按不同形式，一般有如下几类。

1. 根据面试标准化程度分类

（1）结构化面试：指根据对职位的分析，确定面试的测评要素，在每一个测评的维度上预先编制好面试题目，并制定相应的评分标准，对被评价者的表现进行量化分析。不同的测试者使用相同的评价尺度，对应聘同一岗位的不同被评价者使用相同的题目、提问方式、计分和评价标准，以保证评价的公平合理。结构化程度最高的面试方法是设计一个计算机化程序来提问，记录应聘者的答案，然后进行数据分析，给出录用决策的程式化结果。

（2）非结构化面试：对与面试有关的因素不作任何限定的面试，也就是通常没有任何规范的随意性面试。特点是灵活，获得的信息丰富、完整和深入，但同时主观性强、成本高、效率较低，如一些企业聊天式的提问面试。

（3）半结构化面试：是介于结构化面试和非结构化面试之间的一种面试方式，它包括两层含义：一是面试考官提前准备重要的问题，但是不要求按照固定的次序提问，且可以谈论那些似乎需要进一步调查的问题；二是指面试人员一举实现设计的一系列问题来对应聘者进行提问，一般根据管理人员、业务人员和技术人员等不同的工作类型设计不同的问题表格。这种半结构化面试可以帮助企业了解应聘者的技术能力、人格类型和对激励的态度等。

2. 根据面试的组织方式分类

（1）一对一面试：这是一种运用比较多的面试方式。面试考官和应聘者单独进行面试，一个人进行口头询问，另一个人进行口头回答。

（2）系列式面试：指几个面试考官依次对应聘者进行面试。在非结构化面试中，每一位面试考官从自己的角度观察应聘者，提出不同的问题，然后依据标准评价表对应聘者进行评定。之后将每一位应聘者的评定结果进行综合比较分析，最后做出录用决策。

（3）小组面试：即由几个面试考官（其中一个为主考官）同时对一个应聘者进行面试。

（4）集体面试：这是小组面试的一种变形，由多个面试人员同时对多个应聘者进行面试。面试小组提出一个需要解决的问题，然后不采取行动，而是观察哪位应聘者首先回答。

（5）决策者综合面试：在挑选重要岗位人选时，由最高决策者直接进行的综合面试。这种方法通常在有一定地位和阅历的人对具体的岗位推荐了人选时采用。

3. 根据面试进程分类

（1）一次性面试：是指用人单位对应试者的面试集中于一次进行。

（2）分阶段面试：可分为两种类型，一种叫"依序面试"，一种叫"逐步面试"。依序面试一般分为初试、复试与综合评定三步；逐步面试，一般是由用人单位面试小组成员按照由低到高的顺序，依次对应试者进行面试。

4. 根据面试风格分类

（1）压力面试：将应聘者置于一种人为的紧张气氛中，让其接受诸如挑衅性的、刁难性的刺激，以考察其应变能力、压力承受能力、情绪稳定性等。

（2）非压力面试：在没有压力的情景下考察应聘者有关方面的素质。

5. 根据面试内容设计的重点分类

（1）常规面试：主考官和应试者面对面以问答形式为主的面试。

（2）情景面试：突破了常规面试考官和应试者那种一问一答的模式，引入了无领导小组讨论、公文处理、角色扮演、演讲、答辩、案例分析等人员甄选中的情景模拟方法。

（3）综合性面试：兼有前两种面试的特点，而且是结构化的，内容主要集中在与工作职位相关的知识技能和其他素质上。

6. 根据面试途径分类

（1）电话面试：不需直接面对面而是以电话交流为途径的面试。

（2）视频面试：指通过视频聊天的方式对求职者面试。

（3）现场面试：指面试官与求职者面对面直接交流沟通。

四、心理测试

（一）心理测试的含义

所谓心理测试，就是指通过一系列的心理学方法来测量被试者的智力水平和个性方面差异的一种科学方法。它是心理学领域的一种研究方法，但现在许多领域都广泛采用这种方法，在企业招聘中应用的范围尤其广泛。它可以了解一个人的潜力及其心理活动规律。而所谓的人事安排，就是让合适的人担任合适的工作。心理测试正可以了解一个人的实际能力，这样，决策者可以把适当的人安排在适当的岗位上。

（二）心理测试的类型

1. 根据内容划分

心理测试从内容划分，主要有智力测验、个性测验和特殊能力测验三种。

（1）智力测验。智力测验就是对智力的科学测试。所谓智力，就是指人类学习和适应环境的能力。智力包括观察能力、记忆能力、想象能力、思维能力等。智力的高低直接影响一个人在社会上是否成功。智力的高低以智商 IQ 来表示。

（2）个性测验。个性是指一个人比较稳定的心理活动特点的总和。个性可以包括性格、兴趣、爱好、气质、价值观等。

（3）特殊能力测试。特殊能力测试在一般员工招聘中并不常用。所谓特殊能力，就是指某些人具有他人所不具备的能力。

2. 根据形式的不同划分

根据形式的不同，也可以把心理测试划分为纸笔测试、投射测试、实验测试和仪器测试四种方法。

（1）纸笔测试。纸笔测试简称笔试，就是要求被试者根据项目的内容把答案写在纸上，以便了解被试者心理活动的一种方法。

（2）投射法。所谓投射法，就是让被试者通过一定的媒介，建立起自己的想象世界，在无拘束的情景中，显露其个性特征的一种测试方法。

（3）心理实验法。心理实验法就是指有目的地严格控制，或者创造一定条件来引起个体某种心理活动的产生，以进行测量的一种科学方法。实验法可以分为两种：一种是实验室实验法，另一种是情景实验法。

（4）仪器测量法。仪器测量法就是指通过科学的仪器对被试者进行测试，以了解被试者心理活动的一种科学方法。

五、评价中心

评价中心技术是人事测评的一种主要形式，被认为是一种针对高级管理人员的最有效的测评方法。一次完整的评价中心通常需要两三天的时间，对个人的评价是在团体中进行的。被试者组成一个小组，由一组测试人员（通常测试人员与被试者的数量为 1∶2）对其进行包括心理测验、面试、多项情景模拟测验在内的一系列测评，测评结果是在多个测试者系统观察的基础上综合得到的。严格来讲，评价中心是一种程序而不是一种具体的方法；是组织选拔管理人员的一项人事评价过程，而不是空间场所、地点。它由多个评价人员，针对特定的目的与标准，使用多种主客观人事评价方法，对被试者的各种能力进行评价，为组织选拔、提升、鉴别、发展和训练个人服务。评价中心的最大特点是注重情景模拟，在一次评价中心中包含多个情景模拟测验，可以说评价中心既源于情景模拟，但又不同于简单的情景模拟，是多种测评方法的有机结合。评价中心具有较高的信度和效度，得出的结论质量较高，但与其他测评方法比较，评价中心需投入很大的人力、物力，且时间较长，操作难度大，对测试者的要求很高。

评价中心的主要形式有以下几种。

（一）无领导小组讨论

无领导小组讨论是评价中心技术中经常采用的一种测评方法，是一种无角色群体自由讨论的测评形式。其操作方式是将被试者按一定的人数（一般为 5～10 人）编为一组，不确定会议主持人，不指定重点发言，不安排会议议程，不提出具体要求，根据考官提供的真实或者假设的材料（如有关文件、资料、会议记录、统计报表等材料），给被评价者一个待解决的问题（如业务问题、财务问题、社会热点问题等），给他们大约一个小时的时间，让他们展开讨论以解决这个问题。这种讨论可以形成较一致的意见，也可以不形成一致意见。

无领导小组讨论主要考察被评价者的组织协调能力、领导能力、人际交往能力、辩论说服能力以及决策能力等，同时也可以考察被评价者的自信心、进取心、责任感、灵活性、情绪的稳定性以及团队精神等个性方面的特点及风格。

（二）文件筐测试

公文处理练习也称为"文件筐"，这是一种具有较高信度和效度的测评手段，是对管理人员的潜在能力进行测定的有效方法，可以为企业高级管理人才的选拔、聘用、考核提供科学可靠的信息。在这种测评方法中，被评价者将扮演某一领导者的角色，他将面对一堆信件或文稿，包括通知、报告、客户的来信、下级反映情况的信件、电话记录、关于人事或财务等方面的一些信息以及办公室的备忘录等。

（三）模拟面谈

模拟面谈是评价中心中通常采用的人事测评方法——角色扮演的一种形式。一般是由评价者的一名助手扮演与被评价者谈话的人，这名助手是经过培训的，其行为将遵循一种标准化的模式。这个与被评价者谈话的人可以充当各种与被评价者有关的角色，甚至可以充当对被评价者进行采访的电视台记者。这种测评方法主要考察被评价者的说服能力、表达能力和处理冲突的能力以及其思维的灵活性和敏捷性等。

(四) 演讲

在该测评方法中，被评价者按照给定的材料组织自己的观点，并且向评价者阐述自己的观点和理由。有时，在被评价者演讲之后，评价者要向被评价者提问。这种测评方法可以考察被评价者的分析推理能力、语言表达能力以及在压力下的反应能力。

(五) 搜寻事实

在搜寻事实的任务当中，主要考察被评价者获取信息的能力、分析问题能力、理解和判断能力以及社会知觉能力，同时也可考察他的决策能力和对压力的容忍能力。

(六) 书面的案例分析

在书面的案例分析测评方法中，通常是让一个被评价者阅读一些关于组织中的问题的材料，然后让他准备出一系列的建议，以提交给更高级的管理部门。这种测评方法可以考察被评价者的综合分析能力和做出判断决策的能力，它既可以考察一些一般性的技能，也可以考查一些特殊性的技能。

(七) 角色游戏

角色游戏是一种比较复杂的测评方法。它要求被评价者扮演一定的角色，模拟实际工作情境中的一些活动。通常采用一些非结构化的情境，在被评价者之间进行交互作用。角色游戏的优点就在于它能够更好地再现组织中的真实情况。这种方法较为复杂，但它更为真实。这种方法的缺点就在于对被评价者的观察和评价是比较困难的，而且这种方法费时较长。

表 3-1　常用甄选技术四项指标上的评价

测评方法	效度	公平程度	可用性	成本
智力测验	中	中	高	低
性向和能力测定	中	高	中	低
个性与兴趣测验	中	高	低	中
面试	低	中	高	中
工作模拟	高	高	低	高
情景练习	中	中	低	中
个人资料	高	中	高	低
同行评定	高	中	低	低
自我介绍	低	高	中	低
推荐信	低	—	高	低
评价中心	高	高	低	高

第四节　员工录用与招聘工作评估

一、员工录用

（一）背景调查与体检

1. 背景调查

背景调查可以提供极好的信息来帮助企业做出正确的录用决策，但是必须正当地使用这些信息。现在我国公民的权利意识越来越强，企业切不可因调查而侵犯了求职者的隐私权。

背景调查内容应以简明、实用为原则。内容简明是为了控制背景调查的工作量，降低调查成本，缩短调查时间，以免延误上岗时间而使用人部门人力吃紧，影响业务的开展；再者，优秀人才往往被几家企业互相争夺，长时间的背景调查是给竞争对手制造机会。内容实用指调查的项目必须与工作岗位需求紧密相关，避免查非所用，用者未查。

调查内容可以分为两类：一是通用项目如毕业学位的真实性、任职资格证书的有效性；二是与职位说明书要求相关的工作经验、技能和业绩，不必面面俱到。

2. 体检

体格检查通常是选拔过程后紧接着的一个步骤。进行雇用前体检有三个主要原因。

（1）体检可以用来确定求职者是否符合职位的身体要求。

（2）通过体检还可以建立求职者的健康记录和基线，以服务于未来满足保险或雇员赔偿要求的目的。

（3）通过确定健康状况，体检还可以降低缺勤率和事故发生率，发现雇员可能不知道的传染病。

体检这一环节的执行相对比较简单，一般企业会指定一个有信誉的或长期来往的医疗机构，要求应聘者在一定时间内进行体检。在很大的企业组织中，体检通常在招聘者的医疗部门中进行。体检的费用由招聘者支付，体检的结果也交给招聘者。

体检也是录用时不可被忽视的一个环节。不同的职位对健康的要求有所不同，一些对健康状况有特殊要求的职位在招聘时尤其要对应聘者进行严格的体检，否则有可能会给企业带来许多麻烦。

（二）录用

录用程序比较烦琐，包含了决定录用人员、通知录用人员、签订试用合同、人员的初始安排、试用、正式录用等关键性的内容。概括来讲，新人录用程序可以分为以下几个步骤。

1. 录用通知

录用通知的首要步骤就是公布录用名单，这一步骤要靠录用标准和录用决策的相关程序来进行。在公布录用名单之后，接下来要进行的工作就是办理录用手续。

录用手续应当在劳动人事行政主管部门进行办理，并且在办理时应当提供足够的资料以证明录用职工具有合法性，只有这样才能受到国家有关部门的承认，并且使招聘工作受到劳动人事部门的业务监督。办理录用手续需要新员工的真实的个人信息，包括员工姓名、年龄、性别、民族、籍贯、文化程度、政治面貌、个人简历等。

办理完相关的录用手续，下一步的工作就是录用通知的实际操作。事实上，很多企业也会在办理录用手续之前进行录用通知的发放。

2. 签订劳动合同

劳动合同一般分为两种，一种是试用合同，另一种是正式的劳动协议。一旦签订相应的劳动合同，就表示企业与应聘者之间正式确立了雇佣与被雇佣的劳动关系，同时产生法律效力。因此，对劳动合同的签订应当慎之又慎。

在试用合同中，双方应当明确试用时间期限、试用期间的待遇以及相应的岗位安置等。在正式的劳动合同中，双方则应当正式敲定合同期内的薪资待遇、保险福利、岗位职能、违约处罚等内容。一般正式劳动合同的期限为一年，也可以根据双方的意愿适当延长期限。

3. 新人安置

在新员工正式进入企业之后，人力资源部门要及时为其安排相应合适的职位。一般情况下，新员工的职位与在招聘信息中发布的岗位是对应的，如果必要，也可以根据实际的情况进行调整，但是要遵循用人所长、人适其职的原则，使人与事的多种差异因素得到最佳配合。

二、招聘工作的评估与总结

（一）如何评价企业招聘的效果

评价招聘部门的工作是否成功，可以从以下几个方面来看。

（1）负责招聘的人员是否花时间与企业其他部门的经理一起讨论对应聘人员的要求。合格的招聘人员会花相当多的时间来了解空缺职位的情况，同时，用人部门应该明确提出应聘本部门职位所需要的关键技能和条件。

（2）招聘部门的反应是否迅速，能否在接到用人要求后的短时间内就找到有希望的候选人。真正高效的招聘部门应该了解其他企业中表现出色的人并随时掌握各种候选人的资料。这就需要企业内部的其他职能部门在平时就为招聘人员提供消息和便利，而负责招聘的人员则需要为这些潜在的候选人建立档案甚至可以给他们打电话以了解其兴趣所在。

（3）部门经理能否及时安排面试，如果不能，就会错过真正优秀的人才。总是推迟面试，实际上是在传递两个信息：一个是应聘者觉得自己并不是那么重要；另一个是使企业的招聘人员觉得自己的工作没有受到重视。

（4）企业是否在物质资金方面给招聘部门支持并给予足够的授权。优秀的候选人大部分都以职业为重，但也非常关心自己能否得到特殊的对待，自己的工资待遇等条件能否得到满足。如果招聘部门有足够的权力和候选人进行这方面的洽谈，而且企业也能够从人力资源方面给招聘人员以支持并为候选人提供最好的条件，那么企业就能够在人才竞争中获得优势。

（二）招聘成本评估

招聘成本评估是指对招聘过程中的费用进行调查、核实，并对照预算进行评价的过程。

招聘工作结束后，要对招聘工作进行核算。招聘核算是对招聘的经费使用情况进行度量、审计、计算、记录等的总称。通过核算，可以了解招聘中经费的精确使用情况，是否符合预算以及主要差异出现在哪个环节上。

（三）录用人员评估

录用人员评估是指根据招聘计划对录用人员的质量和数量进行评价的过程。判断招聘人员数量的一个明显的方法就是看职位空缺是否得到满足，雇佣率是否真正符合招聘计划的设计。衡量招聘质量是按照企业的长短期经营指标来分别确定的。在短期计划中，企业可根据求职人员的数量和实际雇用人数的比例来认定招聘质量；在长期计划中，企业可以根据接收雇用的求职者的转换率来判断招聘的质量。

录用人员的数量可用以下几个数据来表示。

（1）录用比：录用比＝录用人数/应聘人数×100％。

（2）招聘完成比：招聘完成比＝录用人数/计划招聘人数×100％。

（3）应聘比：应聘比＝应聘人数/计划招聘人数×100％。

如果录用比例小，相对来说录用者的素质就较高，反之则录用者的素质就较低；如果招聘完成比等于或大于100％，则说明在数量上全面或超额完成招聘计划；如果应聘比较大，说明发布招聘信息的效果较好，同时说明录用人员可能素质较好。除了运用录用比和应聘比两个数据来反映录用人员的质量，也可以根据招聘的要求或工作分析中得出的结论对录用人员进行登记排列来确定其质量。

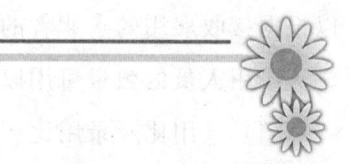

第四章 员工培训与开发

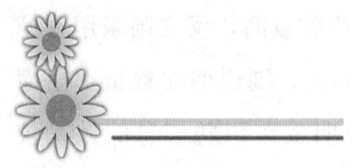

第一节 员工培训与开发概述

一、培训与开发基础知识

(一) 培训与开发的含义

培训是指通过传授知识、更新观念及提高技能等方法，使员工具备完成职位所必需的基本技能，促成其工作绩效提升的一系列活动。开发是在组织目标指引下，结合员工本人的需要，用各种直接或间接的方法激发员工的潜能，促进其全面发展，在发展其职业生涯的同时，也实现组织目标的过程。

尽管可以从不同的视角来解释培训和开发的含义，但实际上两者往往并没有绝对区分，两者的实质是一样的，都是为了通过改善员工的技能以提高组织绩效的过程。如果要说区别，仅仅在于培训更多面向当前的工作需要，同时也更强调组织任务的完成；而开发更多面向组织未来的需要，更强调员工个人发展和组织目标的共同实现。

在理解培训与开发的概念时，应当注意以下三点的把握。

1. 培训与开发的内容应当与组织的工作任务相关

培训与开发是为了实现组织的目标，为了确保组织工作的完成，培训与开发的内容应当与组织的工作任务相关。

需要说明的是，组织的有些活动虽然借助了培训与开发的形式，但严格意义上讲它们并非是培训与开发。比如，某电厂邀请儿童教育专家到厂内为员工开设"如何做好亲子交流"的讲座，这个内容与电厂的核心业务及相关业务都没有多少关系，不属于培训内容，但它却是电厂为员工提供的福利，能有效提高员工的获得感，它属于薪酬福利的范畴。

2．培训与开发的目的是提高员工的工作绩效并确保组织整体目标的实现

有些组织是为了培训而培训，并不知道为了什么而培训，常常是别人培训什么自己就培训什么，或者担心员工没事干那就培训吧，等等。这些都属于目标不明的培训，其培训的效果一定不好，属于劳民伤财的举措。

3．培训和开发的主体是组织

能够提升员工技能的途径有很多，比如，员工的自发学习也能改善工作绩效，但它不是由组织统一组织的，不能算培训与开发，除非这种自学活动是组织所倡导的，并且提供了相关支持和制定了考核的措施。

(二) 培训与开发的作用

培训与开发的作用表现在三个层次：一是对组织发展的作用；二是对员工个人发展的作用；三是对人力资源管理其他业务活动的作用。

1．培训与开发对组织发展的作用

培训与开发对组织发展的作用主要表现在两个方面。

(1) 改善组织绩效，提升竞争力

培训与开发的基本功能是使员工具有更好的工作技能和工作方法，而员工工作技能的提升和工作方法的改善有助于组织绩效的进步，从这个角度讲，员工培训与开发是组织不断发展的动力。同时，当今社会竞争日益激烈，科学技术日新月异，组织和自己的员工只有不断学习和进步，方能与时代同步。因此，组织的培训与开发能有效提升组织的环境适应能力。

（2）塑造良好组织文化

优秀的组织都有优秀的文化，组织文化对员工具有强大的凝聚、规范、导向和激励作用，组织的经营理念、发展战略与其文化都密不可分。培训与开发是弘扬组织文化的重要手段和方法。在培训与开发中，员工能对组织文化具有更加深入的认识，并将组织文化的精神融入自己的工作方式和行为之中，不断推动组织向更好的方向前进。

2. 培训与开发对员工个人的作用

这也主要表现在两个方面。

（1）提升员工收获感和幸福感

通过组织提供的培训与开发，员工能获得更多的知识、技能，其素质不断提升，其工作能力也越强大，工作绩效不断改进，收获也能越来越多。同时，组织的培训与开发也让员工看到了组织对自己的重视和关心，能有效地提升他们在组织中的幸福感。当然，这对组织来说也是一件好事。

（2）有利于员工的职业发展

任何员工都不会只停留于眼前的工作成绩，而是希望能有更多更好的发展前途。通过培训，员工能获得与当前工作或未来工作相关的知识和技能，不断拓展其能力范围，扩展其可以胜任的工作范围，给员工的未来职业发展提供广阔的空间。

3. 培训与开发对人力资源管理其他业务活动的作用

培训、开发与人力资源管理其他环节关系密切，相辅相成。比如，培训与开发计划的制订和实施以人力资源规划、职位分析和招聘与选拔等为基础，但又同时对这些工作产生影响。比如，掌握了多样化技能的员工可算是高质量的人力资源，对一般人力资源有较大的替代性，如经过培训的一个工人可以承担 1.5 个工人的工作，那么人力资源供给预测中就可以多 0.5 个供给量，招聘时就可以少招聘 0.5 个劳动者。职位分析中发现了某个岗位上的工人不能胜任其岗位，而经过培训后可能发现他可以胜任更高级的岗位。培训后的高级别员工可能取得更高的工作绩效，因此要改变工作绩效的考核方法，而其薪酬待遇也可能随之改变，其与组织的劳动关系也有微妙的变化；而同时，培训与开发也是员工职业生涯规划的重要一环，等等。

二、培训与开发的类型

（一）按照培训与工作的关系划分，培训与开发可分为岗前培训、在职培训和脱产培训

1. 岗前培训

这是指新员工入职前所进行的培训。这类培训通常是为了向新员工介绍组织和新职位的基本情况，介绍组织和新职位的基本工作流程和相关制度，让新员工感受到组织对他们的欢迎和热情，同时也介绍一些与工作有关的要求与技能等。新员工的岗前培训合格后，方能上岗工作。

2. 在职培训

这是员工一边工作一边接受培训，或将培训和工作融合在一起。这种培训通常是为了熟悉工作本身，提高工作技能，或者为了改善工作条件等。比如，新工人在老工人的带领下在工作实践中不断提升工作技能，新经理通过培训与其他单位的经理人员建立人际关系，因此改善了工作圈子等。

3. 脱产培训

这是指员工暂停工作，离开工作岗位，专门进行某种培训。比如到高校进修、到别的企业学习、出国深造等。

（二）按照培训的内容划分，可分为知识性培训、技能性培训、态度性培训等

知识性培训是向员工传授相关知识，比如讲授机械工作原理、传授最新管理观念等；技能性培训是以工作技术和能力为主要内容的培训，比如酒店客房部培训员工如何做客房、餐饮企业培训员工如何提升餐饮服务等；态度性培训是改变员工的工作态度，比如向他们讲解工作的意

义、宣传组织的发展与个人发展的紧密关系等。三者都对员工和组织绩效的改善有着重要意义。

（三）根据培训的对象分类

根据培训的对象，可以分为新员工培训和老员工培训，前者主要为组织认知性培训，目的是让新员工尽快融入组织；后者主要是提升员工能力和幸福感。根据培训的对象，也可以分为决策层领导培训、督导管理层培训、专业技术人员培训和操作人员培训等。

此外，还可以根据培训的方法来分类。

第二节　员工培训与开发的流程

员工培训与开发的流程一般分为五个环节，依次分别为：培训需求分析、培训方案设计、培训方案实施、培训成果转化、培训评估。

一、培训需求的分析

（一）培训需求分析的含义和作用

培训需求分析是指在规划与设计每一项培训活动之前，由培训部门、主管人员、工作人员等采用各种方法与技术，对各种组织及其成员的目标、知识、技能等方面进行系统的鉴别与分析，以确定是否需要培训的一种活动或过程。

培训需求分析既是确定培训目标、设计培训方案的前提，也是进行培训评估的基础，因而成为培训活动的首要环节。如果培训需求分析不准确，那么培训计划的制订、培训内容的确定、培训方法的选择就会很盲目，培训的效果就会大打折扣。实际工作中，很多组织正是培训需求分析工作不足，所以导致最终培训效果不佳，因此产生了"培训无用"的错误观念。此外，科学的培训需求分析还能节约培训经费，提高培训的投资回报率。

一般来说，下列问题无法通过培训解决。

（1）人员配置的问题。如将一个根本不擅长交际的人安排去做公关经理，安排没有管理才能但科研能力极强的教授去做校长。

（2）工作步骤或程序问题。如果工作的程序有问题，那绩效很难得到实质性改善。只有通过流程改善或再造才能提高绩效。

（3）运营、机制、组织结构或组织管理模式和风格的问题。这涉及组织深层管理的问题，必须经过组织变革方可实现组织绩效的提升。

（4）资源、设备、人员、器材或时间不足。

（5）无法控制的外在因素。如外部战争、宏观经济不景气、灾难所导致的绩效问题。

（二）培训需求分析的层次和程序

1. 培训需求分析的层次

1961 年，有人提出，组织培训需求分析应从组织、任务、员工三个层次进行分析。

（1）组织层次的分析

这是从组织经营管理层面展开的培训需求分析。主要考虑组织发展的外部环境和内部环境，如宏观政策和产业政策、经济环境与市场竞争情况、组织发展战略、生产效率等因素。通过组织分析，要找出组织中存在的问题与问题产生的根源，并针对那些可以通过培训解决的问题重点分析；确定整个组织中哪些部门和业务需要实施培训，哪些人员需要加强培训。需要说明的是，组织分析不仅要考虑组织当前的状况，也要考虑组织未来的发展状况，考虑组织未来的发展需要怎样的员工素质，并确定当前是否进行培训以及如何开展培训。

（2）任务层次分析

从员工所从事的实际工作出发，通过查阅工作说明书或具体分析完成某一工作需要哪些技能，了解员工有效完成该项工作必须具备的条件，找出差距，确定培训内容，弥补不足。

常见的步骤是：

①确认所要分析的职位。

②职位分析，撰写职位说明书。

③确定工作具体任务。

④确定完成每项任务所需知识、技能、态度及其他素质特征。

⑤分析承担这个职位的员工目前工作中存在的差距。

⑥根据差距确定需要对哪些知识和技能进行培训。

⑦按重要性对所需培训的知识和技能进行排序。

（3）员工层次的分析

人员分析是从培训对象的角度来分析培训的需求，将员工目前的实际绩效与组织的员工绩效标准要求对比，找出员工现状与标准之间的差距，确定"谁应该需要培训"及"需要什么培训"。一般来说，新员工、面临工作任务变化的员工、晋升的员工、绩效低下的员工都是需要培训的对象。

常见的个人需求分析的信息来源有：员工绩效考核记录、员工测试成绩、员工个人填写的培训需求问卷、访谈、观察等。

通过上述三方面分析，可以获得培训需求的情况。

2. 培训需求分析的程序

培训需求分析的程序常常分为三个步骤。

（1）准备工作

这个阶段的工作主要有两个：一是制订培训需求分析工作计划，确定培训需求分析的时间、地点和方法等。二是组织培训需求分析小组、查阅人力资源信息库，准备好各类表格和文件。各人力资源部门可以根据自己的实际情况进行工具的准备和设计。

（2）培训需求分析的执行

执行培训需求分析方案，通过访谈法、问卷法、观察法、重点团队分析法、工作任务分析法等，从组织层面、任务层面和员工个人层面展开分析，收集培训需求信息。

①访谈法。访谈法是通过同被访谈人进行面对面的交谈来获取培训需求的信息的方法。访谈的对象一般有组织管理层、有关工作负责人、

员工、客户等。

访谈法的优点有：能面对面交流，可以充分了解信息；有利于培训双方相互了解，建立信任关系；能引导培训对象认识工作中的问题和不足，激发其学习的动力和参加培训的热情等。但是也存在不足：通常访谈法需要较长的时间，对培训者面谈技巧要求较高等。

②问卷法。这是将所需分析的事项设计成问题，制作成问卷，发放给培训对象填写后，再收回分析，得出培训需求信息的方法。通常，它在信息收集方面最流行，也很有效。根据问卷发放对象的不同，问卷可分为个人的培训需求调查表和部门的培训需求调查表。

问卷调查法的优点有：能有效节省培训组织者与培训对象双方的时间；调查成本相对较低；能实现大规模调查等。问卷调查法的不足有：所收集的信息真实性难以判断；问卷设计分析工作难度大，且分析统计工作也较复杂，对技术性要求较高。

③观察法。这是指调查人员直接到员工的工作现场了解员工工作技能、行为表现，并从中发现问题的方法。这是最原始、最基本的需求调查工具之一，比较适合生产作业和服务性工作人员。

这种方法的优点是比较直接、简单，可操作性强；但是它要求观察者必须对所观察的岗位熟悉，能了解岗位职责、工作流程及其中的细节。观察时，通常要设计一份观察记录表。

④重点团队分析法。这是从拟调查的对象中，选出一批熟悉问题的代表组成讨论小组，以小组讨论来获知培训需求的方法。通常，这个讨论小组由 1～2 名调查者和 8～12 名参加者组成。在选择受访者成员时，要求受访者对需要调查的问题十分熟悉，且能代表培训对象的培训需求。

这种方法的优点有：耗时少，能快速获得培训需求结果；大家共同讨论，对培训信息掌握充分；能激发出各成员对组织培训的使命感和责任感等。但是这种方法也对访谈的组织者提出了较高要求。

⑤工作任务分析法。这是以职位说明书、工作规范或工作任务分析

记录表作为确定员工达到要求所必须掌握的知识、技能和态度的依据，将其和员工平时工作中的表现进行对比，以判定员工要完成工作任务的差距所在的过程。这是非常正规的需求分析方法。其优点是结果比较准确，可信度高。缺点是常耗时耗力，成本较高。通常适合于那些非常重要的项目的培训需求分析。

（3）撰写培训需求分析报告

报告对培训需求分析进行总结，得出结论，将所用的图表、问卷等原始资料以附件的形式进行说明。常见的培训需求分析报告的内容包括：

①需求分析实施的背景。

②开展需求分析的目的和性质。

③概述需求分析实施的方法和过程。

④阐明分析结果。

⑤解释、评论分析结果和提供参考意见。

⑥附录。

二、培训方案的设计

在明确了培训需求的情况下，需要对具体如何开展培训工作进行规划，设计一份切实可行的培训方案。

（一）培训方案的内容

不同的情况下所制定的培训方案略有不同，但大部分包含培训与开发的目的、应遵循的原则、培训需求阐述、培训项目、培训对象、培训内容、培训时间和地点、培训形式和方式、培训教师、培训组织人、考评方式、计划变更或者调整方式、培训费预算、签发人等内容。

（二）培训与开发方案中应包含的要素

具体来说，一份培训方案应当包含的要素可归纳为"5W2H"。

Why：培训目的，这是对培训目标、预期效果进行的阐述，属于培训方案中纲领性的内容。从组织的角度来讲，这是组织通过培训要达到何种目的；从受训者角度看，是通过组织能获得何种技能的提升。

What：培训什么。这是对培训内容所进行的安排。为了达到培训目标，应准备哪些内容，比如开设何种课程、提供何种培训资料等。

Who：谁来培训以及谁来接受培训。这是对培训教师和受训者的安排。培训教师既可以来自组织的内部，也可以来自组织的外部。选择内部教师还是外部教师进行培训，各有优缺点。外部教师的优点：有先进的理念和方法，有利于培训成果的转化，可引起组织上下的关注；外部教师的缺点：对组织不了解，需支付高昂费用。内部教师的优点：对组织的情况很了解，可以因材施教，针对性强，讲授的内容较为实用，培训费用低；内部教师的缺点：新理念和新思维较少，不易在组织中树立威望、烘托培训氛围。

When：什么时间培训。这是对培训的时间进行安排，包括何时开始培训、培训多久及培训的频率等。一般来说，除非是非常急迫的问题，否则组织不应使培训的时间与工作的时间相冲突，否则会影响工作的效率，培训成本也会过高。

Where：在何处培训。这是对培训的地点进行预计。不仅包括培训的场地选择，也包括对培训现场的氛围设计。研究表明，不同的培训场地和现场氛围烘托，会导致不同的培训效果。

How to do：如何实施培训。这是对培训的形式、培训的方法、行政事务安排、培训过程控制、培训评估等事务进行的安排。

How Much：培训费用。这是对培训可能花费的各项经费支出进行预计。如果是年度计划，需要写明年度计划总支出及每季度、月度分支出的状况；如果是按次编写的方案，需要写明该次培训中各项经费的支出状况。

（三）培训方案的制定步骤

一般来说，培训方案的制定按照如下步骤进行。

第一，根据培训需求分析的结果汇总培训意见，拟写初步计划并修改。

第二，将拟写的培训方案提交上级管理者审批。

第三，培训部门组织安排内部培训过程，确定培训教师、准备培训教材和资料，或联系外派培训工作。

第四，后勤部门对与内部培训有关的场地、设备、工具、食宿、交通等予以落实。

第五，培训部门根据确认的培训时间编制培训次序表，并告知相关部门和单位。

三、培训方案的实施

组织的培训可分为组织内部培训、组织外部培训以及组织外包等几种情况。组织内部培训是在组织内部展开的各种培训活动，包括邀请外部培训师来组织进行培训；外部培训是将员工派驻到组织外部其他单位去进行的培训，如到大学深造、出国交流等；外包是将培训与开发工作交由外部专门培训机构来实施。不同的培训方案，执行情况是不一样的。

（一）内部培训的实施

组织内部培训的实施包括前期准备、培训介绍、知识或技能的传授、对学习进行回顾和评估、培训后工作等。

1. 前期准备

培训前期的准备包括场地布置、设备检查、教师安排、课表安排、资料准备等。

2. 培训介绍

这个阶段是培训正式开始的阶段，一般有个培训典礼。培训典礼前，要做好相关前序工作，如学员座位安排、学员报到和签到、资料发放、设备检查和调试、茶点安排等。在培训典礼上，要介绍培训目的、培训主题、介绍培训教师和培训日程、后勤保障，强调培训纪律，对全体成员进行培训动员，激励大家努力学习，获得好的培训效果。

3．知识或技能的传授

本阶段，培训教师开始进行知识或技能的传授，是培训的主要环节和关键环节。从学员自我介绍开始，逐渐进入培训主题。讲师和学员要通过各种适合的培训方法，按照既定的进程完成目标内容的培训。在这个过程中，要注意观察讲师的表现和学员的训中反应，及时收集培训中的各种情况，与讲师和相关方面沟通、协调，及时作出必要调整，控制作息时间，使培训向着既定目标前进。如有需要，还可以对培训情况进行记录、录音和摄影。

4．对学习进行回顾和评估

这是对培训内容进行总结，包括阶段性总结和训后总结。这种总结有利于学习收获的巩固和学习效果的提升。

5．培训后工作

这个阶段的工作可能包括：向各方面参与者致谢、对培训效果进行检查和考核、通过问卷调查或访谈等形式对培训开展中的意见进行收集、向各参训学员颁发结业证书等，此外，还要对培训场地进行清理、检查和归还设备，做好培训教师的欢送，开好培训总结大会或结业典礼，并进行相关费用报销等收尾工作。

（二）外部培训和培训外包的实施

外部培训和培训外包都属于员工到组织外边去接受培训。

外部培训中，一般是由组织内部员工自己申请参训，由人力资源部门审核，经有管理权限的领导审批后交人力资源部备案，员工方可自行前往培训地点参训；培训完毕后，员工需要向人力资源部门提交其培训结业证书，并自行按照组织程序报销有关费用。

在培训外包中，组织将全部或部分培训工作交由外部专门的培训机构承担，培训与开发合同的签订十分关键，在合同中要明确规定双方的权责，并严格按照合同的约定完成对员工的培训。组织需要对外包单位的培训效果进行评价，并决定是否维持合作。

四、培训成果的转化

培训成果的转化是指将培训中所学到的知识、技能和行为应用到工作实际中，不断提升工作绩效的过程。一般来说，受训者如果能在实际工作中将培训中所学到的东西进行推广和维持，都算是较为成功的成果转化。所谓推广，是将培训中的所学应用于实际工作；所谓维持，是能在实际工作中长时间应用所学。如果学不能致用，那么培训就没有多少实际意义。

培训成果的转化受到多种因素的影响，如受训者的特点、培训项目和工作环境等。一些受训者对培训不重视，或者缺乏将理论知识用于实践的能力，他的转化效果可能就比较差；一些培训项目与实际工作并无多少关系，所学内容在工作中没有机会实践，转化的可能性也就比较小；另外，如果上级对转化与否并不重视，同事对积极转化的人进行嘲笑和打击，都不利于培训成果的转化。

五、培训的评估

培训的评估是培训与开发的最后一个步骤，是通过一系列的信息、资料、数据分析，对培训和开发的效果进行定性和定量评价，以不断改善和提高培训质量的过程。

对培训进行评估可以评价组织和个人的培训目标是否实现，对培训中的目标设置、项目设置、教师选择、方式选择、后勤保障等各方面的优缺点进行分析，对今后培训工作的开展有重要的借鉴意义。

在实际工作中，培训评估并非在最后一个阶段才实施，而是在培训的各个环节都需要进行总结和评估。比如，在进行培训需求分析时对培训需求分析的结果应进行评价；在培训进行的各阶段应及时进行总结和评估，以保证培训沿着既定的方向运行；在培训结束后，对培训成果应进行不同时段的跟踪评估，为下一次的培训提供依据，使培训工作的质量呈螺旋式上升的趋势。

（一）培训评估的实施者

培训评估应由人力资源部门的培训与开发组织者统筹进行，但实际评估中需要多个主体共同参与。组织者应对整个评估工作进行分工，确定各相关主体的职责，并在各主体的评估基础上，最终分析得到总体评估结果。一般来说，常见的评估参与者及其职责如下。

（1）生产管理或计划部门：培训组织实施的时机选择是否恰当、培训的目标确定及实现情况、培训内容的设计是否科学等。

（2）主管领导：受训人员综合素质的提升状况。

（3）培训讲师：受训人员的参与程度、知识技能掌握程度、综合素质的提升情况。

（4）受训人员：对教学方法、授课水平、授课效果等进行评价。

（二）培训评估的内容与方法

培训与开发的评估应围绕下列内容展开：培训及时性、培训目的设定合理性、培训内容设置合理性、教材选用与编辑适用性、教师水平、培训时间合理性、培训场地合理性、受训群体适宜性、培训形式有效性、培训组织与管理有效性，等等。美国学者柯克·帕特里克认为，培训评估应从四个层次展开：反应层、学习层、行为层、结果层。

此外，培训评估中很重要的一个参数是对培训与开发的效果进行评估。它包括对培训的认知成果、技能成果、情感成果、绩效成果及投资回报率所进行的定性和定量的评价。其中，前三项是从受训者个人层面的评价，绩效成果是从个人层面和组织层面的评价，投资回报率是对培训整体进行投入、产出比分析。所谓认知成果，是评价员工从培训中学到了什么，比如对知识、事实、程序或过程的熟悉程度得到了多大提升；所谓技能成果，是员工从培训中掌握了什么，比如其技术技能、行为方式和技能转换是否有所进步；情感成果是员工从培训中感悟到了什么，比如他对培训的满意程度，经过培训后其态度、动机、意识等优化状况等；绩效成果既衡量个人，也衡量组织，看个人和组织从培训中收获了什么，如产量是否有所提高、成本是否有所降低、服务水平是否有所提升、工作效率是否有所改进等。投资回报率是将培训的收益与培训成本进行对比。

在收集这些信息时，常用到的方法有资料收集法、观察法、访问法、培训调查法等。

第三节　员工培训与开发的方法

影响培训与开发效果的因素有很多，是否采取了恰当的方法就是其中一个重要的因素。培训与开发的形式多样，可供选择的方法也丰富多彩。每种方法都有自己的特色和适用情形，也都有自己的优缺点。很难说哪一种教学法是最好的，在不同的教学课程中应使用不同的教学方法。通常情况下，同一个培训内容可以采用多种不同的培训方法，多样性的培训方法更能激发受训者的学习兴趣。

培训与开发的方法虽多，但仍可以做大致的归类：直接传授型培训法、实践型培训法、参与型培训法、态度型培训法、科技型培训法及其他一些方法等。

一、直接传授型培训法

（一）讲授法

讲授法是培训老师通过口头语言向受训学员传授知识、培养能力、进行思想教育的方法，在以语言传递为主的培训方法中应用非常广泛，其他各种方法在运用中常常要与讲授法结合。

1. 讲授法的优点

（1）有利于进行知识的系统传授。

（2）能在短时间内进行大量的知识讲授和信息传递。

（3）有利于理解难度大的内容。

（4）教师便于控制培训进度。

（5）能实现规模培训，成本较低。

2. 讲授法的不足

（1）学生被动接受培训师所传授的信息，不能根据自己的情况选择学习内容。

（2）学生学习时可运用的感官有限，很少有机会参与互动学习。

（3）教师常无法知道学生的学习效果。

（4）忽略了学员间的差别，不能因材施教。

（5）学习过的知识容易忘记。

（6）效果受老师水平的影响较大。

此方法常用于向多人进行规模性、系统性理论培训，尤其是对于一些抽象概念和高深知识的培训时经常使用。在使用此方法时，要求培训者能对课题有深刻研究，对受训学员的状况有所了解。在讲授内容的安排上，知识要有系统性，条理清晰、重点突出。讲授语言生动，风趣幽默。同时，授课的环境、视听设备的应用等都会影响讲授法的效果。

（二）专题讲座法

专题讲座法也是属于讲授法，但它是针对某一专题的单次培训，而不像讲授法那样进行连续的、系列的培训。

其优点有：对时间要求不多，通常在一两个小时之内就能培训完毕；形式灵活，可满足特定的培训需求；易于让受训者对一些难以理解的专题进行深入理解。其缺点有：所传授的知识相对单一，内容不够系统，也可能使学员产生"只见树木，不见森林"的感觉。

（三）研讨法

研讨法是在培训教师的组织下，在受训者组成的团队中对工作中的课题或问题进行研讨，并在研讨过程中相互交流、启发，不断提高受训者知识和能力的一种培训方法。研讨法与前两种方法不一样，它不是完全的单向信息传递，而是培训教师、受训学员以及各受训学员之间都可以实现相互交流。

该方法的优点有：多向信息交流能加深对知识的理解，如果有疑问能立即提问；能实现互动，可提高学员参与积极性；形式多样。缺点是对培训教师的要求较高，需要事前做周全准备，且研讨过程控制也很重要，否则容易讨论偏题。

二、实践型培训法

（一）工作指导法

又称为教练法，是指由有经验的培训老师或管理人员在工作岗位上对受训者进行指导培训的方法。培训老师的任务是教受训者如何进行工作的开展，提出更好的工作建议，并对受训者进行激励。

其优点是应用广泛，既可用于基层生产工人的培训，也可以用于高层管理者的培训。但其不足是不一定能进行全面指导，因为实际工作中未必能遇到该岗位可能遇到的所有问题；如果培训老师的方法出现错误，很可能对受训者产生深远、持久的影响。

（二）工作轮换法

这是让员工进行轮岗，在不同的岗位上获得不同技能的方法。如，让销售岗上的员工到生产岗工作，让生产岗上的员工到采购岗工作等。

这种轮岗能使受训者掌握多种技能，增加工作经验，对多种工作的了解也方便受训者找到自己感兴趣并适合的工作；同时，这种培训也能使不同岗位上的人相互理解，改善部门间合作。但是，并非所有岗位都适合轮岗，它鼓励通才，适合一般直线管理人员，不适合职能管理人员。

（三）个别指导法

这是通过资历较深或技能掌握良好的员工给新员工或技能较低的员工进行个别指导，使其快速掌握技能的培训方法。这种方法能使受训者快速获得别人的丰富经验，避免盲目摸索，有利于新员工尽快融入团队。其缺点是培训者的不良习惯会影响到受训者，或者培训者会故意有所保留而不愿意尽心指导。

三、参与型培训法

（一）自学

自学是由受训者自行学习，增长自己知识和才能的方法。所学习的知识既可以是由组织根据需要向受训者做统一要求和安排，也可以是学习者根据自己的需要自行挑选学习内容。这种方法可适用于多方面学习，学习的自主性强，每个人能根据自己的情况选择学习的方式，能培养自学能力，不会影响组织的工作，且组织的培训费用低。但是，由于各人的学习能力有差异，大家的学习基础不同，培训的效果难以衡量，且在学习中遇到困难无法得到有效的指导，学习中容易单调乏味。

（二）案例研究法

案例研究法是指为参加培训学习的学员提供实际案例或假设性案例，让学员研读，并从案例分析中发掘问题、分析原因，通过与其他人讨论提出自己的研究结果和解决问题的办法。案例研究法的优点是：能寓教于实践，使教学方式生动；在探讨中能实现学员互动，教学方式生动，可获得较好的培训效果。但是，案例研究法对案例的要求很高，对培训讲师的能力要求较高，学员要参与案例研究法也需要有一定的根基，培训的时间较长。

案例研究法中，案例的选择和编写是关键。所选择的案例要求要有明确的培训目的，内容要真实，能体现一定的管理问题。在编写案例时，案例不能随便乱写，一定是在组织中真实发生的事情，如果为了防止泄露商业机密，可以将一些关键性数据按比例增大或缩小，但是不能随意改变比例。

（三）头脑风暴法

头脑风暴法是准备一个开放性话题，在培训者的主持下，鼓励各个参训者充分发言，要求每个人都不能对其他人的观点进行评价，但可以相互借鉴他人思维，充分发挥创造性思维，最大限度发挥参加者的创造能力。

这种方法的优点有：能在培训中解决实际问题；参与性强；能加深

学员对问题的理解；可以集中集体的智慧；培训时间不会太长等。但是，这种培训方法对培训师的要求很高，要求他能有效的引导和控制培训进程；同时，如果学员的水平较差，无法碰撞出太多的火花，培训效果也会大打折扣；同时，头脑风暴法通常不能有多个主题，且时间不能太长。

使用此方法时，先要确定好讨论话题、培训者和受训者，受训者不宜太多，数人至十余人即可；在事前布置好的场地中，由培训者说明探讨话题和规则，并营造一种有益于充分讨论的氛围；接着由各个参与者充分发言，在发言中提倡创造性思维，不主张对他人的观点进行负面评价，也不能进行私下交谈；培训者进行总结，提炼出最有优势的观点，并向大家阐明收获和意义。

（四）模拟训练法

这是一种侧重对操作技能和敏捷反应进行训练的培训方法，通过把受训者置于模拟的现实工作环境中，让受训者反复操作训练，以解决实际工作中可能出现的各种问题，不断提升工作技能。其特点是以实际工作情况为基础，以实际工作资源为条件。优点是能有效提高受训者的工作技能，也可以减少培训开支和降低危险性；但准备时间较长，对组织者和模拟场景的要求较高，同时并非所有项目都可采用此方法。

进行模拟训练法的目的是通过对经常性的销售实景进行模拟演练，从而提升实战的技能。培训时，要先设定一个情景，如办公室、居家、商场等；再对参训者进行角色分配，如职员、经理、夫妻、营业员、业务人员等；培训师要设计好情节，让学员在规定范围内自由发挥；讲师要为达成某种目的而进行演练，并在演练后点评总结。

（五）敏感性训练法

敏感性训练是让学员借着创造有效率团体的实际过程进行学习，从而使所有学员成为高效团队的成员的培训方法。在敏感性训练中，学员就参加者的个人情感、态度及行为进行坦率、公正的讨论，相互交流对各自行为的看法，并说明其引起的情绪反应。通过敏感性训练，能提高学员对自己和他人行为的洞察力；了解自己在他人心目中的形象；感受与周围人群的相互关系；学习与他人沟通的方式；发展各种情况下的应变能力等。

敏感性训练的适用范围有：组织发展训练、人际关系训练、人格塑造训练、集体组织训练、异国文化训练等。训练的方式可以是集中训练、小组讨论、个别交流等。在训练时，要将研习人员分成小组，每组以 10～15 名为佳；指定指导人员，并确定好训练的时间、地点等；接下来，小组成员间互相认识与了解；再以 2 人为一个小组进行活动，或以 3～5 人为一小组进行分组区别交谈；要求各个受训者说明自我状态；培训者在整个过程中要指导学员进行沟通分析，并对个别人进行个人心理治疗和咨询。

（六）管理者训练法

这是最普及的管理人员训练计划，它的目的是以最大范围的综合研究方式，学习基本管理知识，进而提高管理人员的管理能力。这种训练法的培训内容以管理的基本知识、基本方法和要领为主，将管理理论和管理案例相互结合培训，可实现规模性、系统性培训，主要适合组织中基层管理者的培训。管理内容的确定和培训教师的确定是其操作核心。

四、态度型培训法

（一）角色扮演法

这与模拟训练法有些相似。它是在模拟工作情境中，按照应有权责来担当与其实际工作类似的角色，模拟性地处理工作事务。其优点有：要求学员参与；模拟场景有利于增强培训的效果；能有效地提升学员社交能力、反应能力；具有高度的灵活性；有助于受训者发现自身的不足；提高心理素质。但是，这种方法对模拟场景的设计要求较高，且模拟的场景始终是一种静态环境，不能与真实工作场景取得同样的效果。

角色扮演法的操作要点如下。

（1）通常采用一对一的方式，比如，就销售活动中经常遭遇的情形，请两位学员一个扮演客户的角色，一个扮演推销员的角色。

（2）讲师事先确定演练内容，过程中只要不偏离训练的主题就可以，避免中途打断，让学员越自然越逼真越好。

（3）讲师也可以对扮客户的学员私下设计好一些障碍，主要是为了更好地达到训练目的，让推销员过关。

（4）演练一次后两人应将角色对换，这样双方都可得到训练的机会。

（5）每次角色演练完，讲师首先要赞美参与学员，并请他们谈谈体会，也可以请其他学员做评论，比如，对扮演中表现好的和不好的地方进行归纳，让其他学员提改进意见等。

（6）讲师应在学员演练过程中做些笔记，便于最后总结点评，如有必要的话可亲自上阵演示一番，令学员印象更深刻。

（二）拓展训练

拓展训练通常利用崇山峻岭、瀚海大川等自然环境，通过精心设计的活动达到磨炼意志、陶冶情操、完善人格、锻炼团队的培训目的。拓展训练有场地拓展训练、野外拓展训练等不同类型。常见的经典训练项目有：背摔、断桥、天梯、攀岩、电网、求生、结伴等。

其训练特点如下。

（1）投入为先。即要求学员在训练中全情投入，才能获得最大价值。

（2）挑战自我。所有训练项目都具有一定的难度，尤其表现在心理素质的考验上，需要学员向自己的能力极限挑战，跨越"心理极限"。

（3）锻炼团队。要求参训者相互帮助和协作，体现责任心与参与意识，树立相互配合、相互支持的团队精神和群体合作意识。

（4）高峰体验。在克服困难、顺利完成训练项目要求后，学员能够体会到发自内心的满足感和自豪感，获得人生难得的高峰体验。

（5）自我教育。培训师只在训练前把课程的内容、目的、要求以及必要的安全注意事项向学员讲清楚，其他主要依靠学员自己体验和自我教育。

五、科技型培训法

（一）网上培训

这是利用互联网资源进行的培训，如要求学员在互联网上进行某些理论知识的系统学习；或讲师通过互联网技术进行知识和技能的传授等。

它的优点有：可有效节省培训费用，因为网络资源可以重复利用、减少差旅费等；培训的内容可与时俱进；能充分利用网络声像资源，提高趣味性，避免传统学习方式的枯燥性；培训进程安排灵活，学员可根据自己的情况对学习内容有所选择；学员可在空闲时间学习，不耽误工作。缺点有：对网络系统、设备等要求较高；网络资源往往与组织自身的契合性不高；不是所有内容都可用这种方式进行培训。

（二）虚拟培训

虚拟培训是利用虚拟现实技术生成实时的、具有三维信息的人工虚拟环境，学员通过运用某些设备和相应环境的各种感官刺激而进入其中，并可根据需要通过多种交互设备来驾驭环境、操作工具和操作对象，从而达到提高培训对象各种技能和学习知识的目的。

其优点有：仿真性、超时空性、自主性和安全性。在培训中，学员能够自主结合虚拟培训场地和设施，可以在重复中不断增强自己的训练效果；更重要的是这种虚拟环境使他们脱离了现实培训中的风险，并能从这种培训中获得感性知识和实际经验。

不足有：实施培训所需要的条件环境操作困难、要求高、普遍使用性低。

六、其他方法

培训与开发的方法还有很多，如学员进入学校提升学历或学习某项专业技术；鼓励学员参与读书活动，不断丰富自己的知识体系；派学员到相关单位参观访问，或与其他组织合作交流等，都可以达到提升学员职业技能和知识水平的目的。

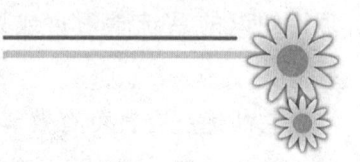

第五章　绩效管理

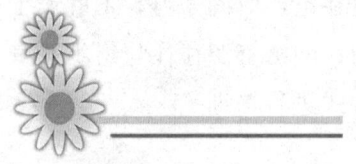

第一节　绩效管理概述

绩效管理是人力资源管理过程中最重要的环节之一，也是组织强有力的管理手段之一。员工工作的好坏、绩效的高低直接影响企业的整体绩效。因此，只有通过绩效管理，确认员工的工作成就，才能整体提高员工工作的效率和效益，进而实现组织目标。组织建立员工绩效管理制度，设计出行之有效的绩效管理体系，是合理利用和开发人力资源的重要措施。现代绩效管理指标体系的设置和管理方法多种多样，组织只有根据自身的实际情况采用最合适的指标和方法才能实现最有效的绩效管理。

一、绩效的含义和特点

(一) 绩效的含义

绩效分为组织绩效和员工绩效。组织绩效是组织为了实现一定的目标所完成的各种任务的数量、质量及效率。员工绩效就是员工的工作效果、业绩、贡献。其主要包括完成工作的数量、质量、成本费用，以及为改善组织形象所做出的其他贡献。绩效是员工知识、能力、态度等综合素质的反映，是组织对员工的最终期望。

绩效是对工作行为及工作结果的一种反映，也是员工内在素质和潜能的一种体现。它主要包括三个方面。

1. 工作效果

工作效果包括工作中取得的数量和质量，主要指工作活动所实现的预定目标的程度。工作效果涉及工作的结果。

2. 工作效率

工作效率包括组织效率、管理效率、作业效率等方面。主要指时间、财物、信息、人力及其相互利用的效率。工作效率涉及工作的行为方式。

3. 工作效益

工作效益包括工作中所取得的经济效益、社会效益、时间效益等。工作效益主要涉及对组织的贡献。

（二）绩效的特点

人力资源管理中的绩效指的是员工或部门的绩效，我们主要分析员工绩效。绩效具有多因性、多维性和动态性三大特点。

1. 多因性

绩效的多因性是指绩效的优劣不仅仅受某一个因素的作用，而是受到多种因素的共同影响，是员工个人因素和工作环境共同作用的结果。绩效的相关因素对正确设计和实施绩效管理有着重要的作用，这些因素主要包括：工作技能、员工的知识水平、工作态度和工作环境等。

（1）员工的知识水平

员工的知识水平与其绩效的优劣息息相关，在其他条件相同的情况下，有较高知识水平的员工通常能取得较好的工作绩效。

（2）员工的工作技能

工作技能指的是员工的技巧和能力，具有较高技能的员工往往取得卓越的工作成绩。员工的工作技能取决于员工的知识水平、智力、工作经历和受教育程度。

（3）员工的工作态度

员工的工作态度是指员工的工作积极性和工作热情，体现为员工在工作过程中主观能动性的发挥。在其他条件相同的情况下，工作积极热情的员工一般能取得较好的工作绩效。员工的工作态度取决于主观和客观两方面的因素。主观方面的因素有：员工的需要、兴趣、受教育程度和价值观等。客观方面的因素是：组织内人际关系、工作本身的挑战性、组织文化和竞争环境等。

（4）工作环境

环境包括组织内外环境。组织内的环境由工作条件、企业文化和人际关系等构成。组织外的环境包括组织所处的社会风气、政治形势和经济形势。

多因性的另一个说法，绩效的优劣受主客观多种因素影响，即员工的知识、技能、环境与机会，前两者是员工自身的主观影响因素，后两者是客观性影响因素。

2. 多维性

员工的工作绩效可以从多方面或多角度表现出来，工作绩效是工作态度、工作能力和工作结果的综合反映。员工的工作态度取决于对工作的认知态度及为此付出的努力程度，表现为工作干劲、工作热情和忠于职守等，是工作能力转换为工作结果的媒介，直接影响着工作结果的形成。员工的工作能力是绩效的本质来源，没有工作能力就无所谓工作绩效。工作能力主要体现在常识、知识、技能、技术和工作经验等几个方面。工作结果以工作数量、质量、消耗的原材料、能源的多少等形式表现出来。绩效的多维性决定了考评员工时必须从多个侧面进行考评才能对绩效做出合理的评价。

3. 动态性

绩效的动态性是指绩效处于动态的变化过程中，不同时期员工的绩效有可能截然不同。管理者经常遇到这样的情况，绩效差的员工经过积极的教育、引导和适当的激励后，会努力工作取得较好的工作绩效；而工作绩效较好的员工由于未受到适当的激励等原因，会出现不再努力工作，使工作绩效变得较差等现象。绩效的动态性特点要求我们运用发展和一分为二的观点为员工进行绩效考评。

二、绩效管理的含义及目的

（一）绩效管理的含义

绩效管理是指管理者与员工之间就目标与如何实现目标上达成共识后，通过激励员工业绩持续改进并最终实现组织战略及个人目标的管理方法。随着人们对人力资源管理理论和实践研究的逐步重视，绩效管理在组织中达到了前所未有的高度。对大多数组织而言，绩效管理的首要目标是绩效考评。但是，在这些组织中，实施绩效考评的效果却并不理想，员工的工作积极性并未被充分激发，企业的绩效也没有得到明显的改善。出现这些问题的原因在于人们往往只知道绩效考评而并不知道绩效管理，两者并不相等。

所谓绩效管理，就是为了更有效地实现组织目标，由专门的绩效管理人员运用人力资源管理的知识、技术和方法与员工一起进行绩效计划、绩效沟通、绩效考评、绩效反馈与改进、绩效结果应用等五个基本过程。绩效管理的基本特征有以下几个方面。

1. 绩效管理的目的是更有效地实现组织预定的目标

绩效管理本身并不是目的，之所以要开展绩效管理是要更大限度地提高组织的管理效率及组织资源的利用效率，进而不断提高组织绩效，最终更有效地达到组织预定的目标。更有效地实现组织的预定目标是绩效管理的终极目的。

2. 绩效管理的主体是掌握人力资源知识、专门技术和手段的绩效管理人员和员工

绩效管理由掌握专门知识技能的绩效管理者推动，然后落实到员工身上，最终由每一位员工的具体实践操作实现。可以看出，绩效管理的主体不仅是绩效管理人员，还要包括每一位参与绩效管理的员工。

3. 管理的核心是提高组织绩效

绩效管理围绕如何提高组织绩效这个核心展开，其中所涉及的任何具体措施都是为了持续改进组织绩效服务的。绩效管理"对事不对人"，以工作表现为中心，考察个人与组织目标达成相关的部分。

4. 一个包括多阶段、多项目标的综合过程

绩效管理是一套完整的"PDCA"循环体系，所谓"PDCA"循环即计划（Plan）、实施（Do）、检查（Check）、调整（Adjust）的循环。落实到绩效管理上就是绩效计划制是由绩效计划制订、动态持续的绩效沟通、绩效实施、绩效评估、绩效结果运用等环节构成的循环。

绩效管理以目标为导向，将企业要达到的战略目标层次分解，通过对员工的工作表现和业绩进行诊断分析，改善员工在组织中的行为，通过充分发挥员工的潜能和积极性，提高工作绩效，更好地实现企业各项目标。绩效管理更突出的是过程管理，它以改善行为为基础，通过有计划的双向沟通的培训辅导，提高员工绩效，最终实现提高部门绩效和企业整体绩效的目的。绩效管理对企业来说，是一项管理制度；对管理者个人来说，则是管理技能和管理理念。在进行绩效管理的企业中，绩效管理是贯穿各级管理者管理工作始终的一项基本活动。

（二）绩效管理的目的

各个组织根据自身的不同情况运用绩效管理系统会侧重于不同的目的。

1. 了解员工的工作绩效

员工希望了解自己的工作成绩，希望知道如何提高自己的工作绩效，并以此来提高自己的薪酬水平和获得晋升的机会。因此，绩效管理的结果可以向员工反馈其工作绩效水平高低，使员工了解自己工作中的不足之处，帮助员工改进，从而提高整个组织的绩效。通过绩效管理指出员工存在问题的同时，能够发现培训需求。有针对性地对员工进行培训，可以帮助员工提高工作知识、技能及在人际关系、计划、监督等方面的能力（针对管理人员），促进员工的发展。因此，绩效管理是培训方案设计和实施的基础。

2. 绩效管理的信息可以为组织的奖惩系统提供标准

在组织的多项管理决策中都要使用管理信息（特别是绩效考评信息）。绩效考评能够使不同岗位上员工的工作绩效得到合理的比较，从而使组织在进行薪酬决策、晋升决策、奖惩决策、保留/解聘等决策时做到公平合理，使整个激励体系真正起到应有的作用。

3. 使员工的工作和组织的目标结合起来

工作绩效管理有利于发现组织中存在的问题，绩效考评的信息可以被用来确定员工和团队的工作与组织目标之间的关系，当各种工作行为与组织目标发生偏离时，要及时进行调整，确保组织目标的实现。

4. 促进组织内部信息沟通和企业文化建设

绩效管理非常注重员工的参与性。从绩效目标的制定、绩效计划的形成、实行计划中的信息反馈和指导到绩效考评、对考评结果的应用，以及提出新的绩效目标等都需要员工的参与，满足员工的尊重需要和自我实现的需要，为组织创造一个良好的氛围。因此，绩效管理对于创建民主的、参与性的企业文化是非常重要的。

需要指出的是，无论绩效管理系统有多完美，也只有最终被它所影响的人接受才能够发挥作用。

三、绩效考评与绩效管理的区别与联系

绩效考评又称绩效评估。就是组织的各级管理者通过某种方法对其下属的工作完成情况进行定量与定性评价，通常被看作管理人员一年一度的短期阶段性事务工作。在单纯的绩效考评中，管理者和下属关注的焦点主要集中在考评的指标和考评的结果上。这种关注的角度往往导致企业将现有绩效考评系统的失败归咎于考评指标的不完美、不够量化等因素，进而不断花费成本寻求更完美的考评指标。

（一）绩效管理与绩效考评的联系

绩效考评是绩效管理不可或缺的组成部分，通过绩效考评可以为组织绩效管理的改善提供资料，帮助组织不断提高绩效管理水平和有效性，使绩效管理真正帮助管理者改善管理水平，帮助员工提高绩效能

力，帮助组织获得理想的绩效水平。

（二）绩效管理与绩效考评的区别

（1）绩效管理包括制订绩效计划、动态持续的绩效沟通、绩效考评、绩效反馈与改进、绩效考评结果的应用，是一个完整的绩效管理过程；而绩效考评只是这个管理过程中的局部环节和手段。

（2）绩效管理是一个过程，贯穿于日常工作，循环往复进行；而绩效考评是一个阶段性的总结，只出现在特定时期。

（3）绩效管理具有前瞻性，能帮助组织和管理者前瞻性地看待问题，有效规划组织和员工的未来发展；而绩效考评则是回顾过去的一个阶段的成果，不具备前瞻性。

（4）绩效管理以动态持续的绩效沟通为核心，注重双向的交流、沟通、监督、评价；而绩效考评只注重事后的评价。

（5）绩效管理根据预期目标，评价绩效结果，提出改善方案，侧重日常绩效的提高；而绩效考评则只比较预期的目标，注重进行绩效结果的评价。

（6）绩效管理充分考虑员工的个人发展需要，为员工能力开发及教育培训提供各种指导，注重个人素质能力的全面提升；而绩效考评只注重员工的考评成绩。

（7）绩效管理能建立绩效管理人员与员工之间的绩效合作伙伴关系；而绩效考评则使绩效管理人员与员工站到了对立的两面。

绩效考评与绩效管理的区别如表5－1所示。

表5－1　绩效考评与绩效管理的区别

绩效考评	绩效管理
管理过程中的局部环节和手段	一个完整的绩效管理过程
只出现在特定时期	贯穿于日常工作，循环往复进行
回顾过去一个阶段的成果	具有前瞻性，能有效规划组织和员工的未来发展
事后的评价	注重双向的交流、沟通、监督、评价
注重进行绩效结果的评价	侧重日常绩效的提高
注重员工的考评成绩	注重个人素质能力的全面提升
绩效管理人员与员工站到了对立面	绩效管理人员与员工之间的绩效合作伙伴关系

四、绩效管理的作用

绩效管理是组织实现其战略目标的有效工具之一，也是人力资源管理其他职能的基本依据和基础。有效的绩效管理可以给我们的日常管理工作带来巨大的好处。绩效管理的作用主要表现在以下几个方面。

（一）绩效管理对管理人员的作用

就各级管理人员而言，他们面临许多管理问题。例如，常常因为事物的冗繁和时间管理的不善而烦恼；员工对自己的工作缺乏了解，工作缺乏主动性；员工对应该做什么和应该对什么负责有异议；员工给主管提供的重要信息太少；发现问题太晚以致无法阻止其扩大；员工犯相同的错误；等等。尽管绩效管理不能直接解决所有的问题，但它为处理好其中大部分管理问题提供了一个工具。只有管理者投入一定的时间并和员工形成良好的合作关系，绩效管理才可以为管理者的工作带来极大的便利。

（二）绩效管理对员工的作用

员工在工作中会产生诸多烦恼：不了解自己的工作做得好还是不好，不知道自己有什么权力，工作完成很好时没有得到认可，没有机会学习新技能，自己不能做决策，缺乏完成工作所需要的资源等。

绩效管理要求有效开展绩效沟通和指导，能使员工得到有关他们工作业绩和工作现状的反馈。而且由于绩效管理能帮助员工了解自己的权力大小，即进行日常决策的能力，从而大大提高了工作效率。

（三）绩效管理对企业的作用

员工感觉企业需要改进的方面主要集中在：奖惩没有客观依据，晋升有失公平；缺乏足够有效的专业培训和指导；重负面批评和惩罚，轻正面鼓励和奖励；日常工作中缺乏上下级之间的有效授权等。

绩效管理提出员工参与制订绩效计划，强化了员工对绩效目标的认同度，在日常工作中通过绩效实施提供有效的工作指导，找出工作的优点和差距，有效制定绩效改进计划和措施，有利于企业业绩的改善和企业目标的实现。同时，绩效管理流程中基于企业战略目标的绩效计划制订、围绕核心能力的员工能力发现和评价等措施有助于企业核心竞争力的构建，有利于企业的持续发展。

五、影响绩效管理的因素

一个组织在整个绩效管理的过程中，要达到组织的预期目的，实现组织的最终目标，往往受到多种因素的影响，作为一个管理者只有充分认识到各种影响因素给组织绩效所带来的影响及程度，才能够做好绩效管理工作。一般来讲，影响组织绩效管理有效性的因素有以下几个。

(一) 观念

管理者对绩效管理的认识是影响绩效管理效果的重要因素。如果管理者能够深刻理解绩效管理的最终目的，更具前瞻性地看待问题，并在绩效管理的过程中有效地运用最新的绩效管理理念，便可以很好地推动绩效管理的有效实施。

(二) 高层领导支持的程度

绩效管理作为人力资源管理的重要组成部分，是实现组织整体战略管理的一个重要手段。要想有效地进行绩效管理，必须得到高层领导的支持。高层领导对待绩效管理的态度决定了绩效管理的效果。如果一个组织的领导能大力支持绩效管理工作，并给予绩效管理工作人员必要的物质和精神支持，就会使绩效管理水平得到有效的提升。

(三) 人力资源管理部门的尽职程度

人力资源部门在绩效管理的过程中扮演着组织协调者和推动者的角色。绩效管理是人力资源管理工作中的重要组成部分，如果人力资源管理部门能够对绩效管理大力投入，加强对绩效管理的宣传，组织必要的绩效管理培训，完善绩效管理的流程，就可以为绩效管理的有效实施提供有力保证。

(四) 各层员工对绩效管理的态度

员工对绩效管理的态度直接影响着绩效管理的实施效果。如果员工认识到绩效管理的最终目的能使他们改进绩效而不是单纯的奖罚，绩效管理就能很好地发挥功效。反之，如果员工认为绩效管理仅仅是填写各种表格应付上级或对绩效管理存在着严重的抵触情绪，那么绩效管理就很难落到实处。

（五）绩效管理与组织战略的相关性

个人绩效、部门绩效应当与组织的战略目标相一致。只有个人绩效和部门绩效都得到实现时，组织战略才能够得到有效的执行。这就要求组织管理者在制定各个部门的目标时，不仅考虑到部门的利益，也要考虑到组织的整体利益，只有做到个人、部门和组织整体的目标相一致，才能确保组织的绩效管理卓有成效。

（六）绩效目标的设定

一个好的绩效目标要满足具体、可衡量、可实现及与工作相关等要求。只有这样，组织目标和部门目标才能得到有效的执行，绩效考核的结果才能够公正、客观和具有说服力。

（七）绩效指标的设置

每个绩效指标对于组织和员工而言，都是战略和文化的引导，是工作的方向，因此清晰明确、重点突出的指标非常重要。好的绩效指标可以确保绩效考核重点突出，与组织战略目标精确匹配，便于绩效管理的实施。

（八）绩效管理系统的时效性

绩效管理系统不是一成不变的，它需要根据组织内部、外部的变化进行适当调整。当组织的战略目标、经营计划发生改变时，组织的绩效管理系统也要进行动态的变化，以保证其不会偏离组织战略发展的主航道，对员工造成错误的引导。

六、绩效管理与人力资源管理其他环节的关系

（一）绩效管理与工作分析

工作分析是绩效管理的重要基础。通过工作分析，确定了一个职位的工作职责及其他所提供的重要工作产出，据此制定对这个职位进行评

估的关键绩效指标（KPI），按照这些关键绩效指标确定对该职位任职者进行评估的绩效标准。可以说，工作分析提供了绩效管理的一些基本依据。

1. 职位描述是最直接影响绩效的因素

员工的绩效是员工外显的行为表现，这种行为表现受很多因素影响。影响人的行为绩效的内在因素分成很多层次，处在最深层的是人的内在动力因素。其次是价值观、哲学等观念和意识层面的因素。最后，组织的观念、哲学等决定了组织的政策，从而影响了组织的使命和目标。组织的使命和目标被分解成各个工作单元的目标，而各个工作单元的目标又决定了职位描述。处于最外层的职位描述是直接影响行为绩效的因素。因此，要想有效地进行绩效管理，必须首先有清晰的职位描述信息。职位特点决定了绩效评估所采用的方式。采用什么样的方式进行绩效评估是管理者在进行绩效评估的准备工作时需要解决的一个重要问题。绩效评估的方式主要包括由谁进行评估、多长时间评估一次、绩效评估的信息如何收集、采取什么样的方式进行评估等。对于不同类型的职位，采取的绩效评估方式也应该有所不同。

2. 职位描述是设定绩效指标的基础

对一个职位的任职者进行绩效管理应设定关键绩效指标，这往往是由他的关键职责决定的。虽然从目标管理的角度而言，一个被评估者的关键绩效指标是根据组织的战略目标逐渐分解而形成的，但个人的目标终究要依据职位的关键职责来确定，一定要与他的关键职责密切相关。

职责是一个职位比较稳定的核心，表现的是任职者所要从事的核心活动。目标经常随时间而变化，可能每年都不同，一个职位的工作职责则可能会连续几年稳定不变或变化很小。

对于那些较为稳定的基础性职位，如秘书、会计等，他们的工作可能并不由目标直接控制，而主要是依据工作职责来完成工作，对他们的绩效指标的设定就更需要依据工作的核心职责。例如，对一个秘书来说，他的核心工作和关键绩效指标如表 5－2 所示。

表 5－2　秘书的职责

工作职责	关键绩效指标
录入、打印各种文件（文字资料）	错误率、时效率、客户满意度
起草通知、编辑日常信件	主管人员满意度、工作的独立性
为出差人员安排旅程	时效性、准确性
安排会议	会前准备工作是否周到、处理突发问题的能力

（二）绩效管理与薪酬体系

目前比较盛行的制定薪酬体系的原理是 3P 模型，即以职位价值决定薪酬（Pay for Position）、以绩效决定薪酬（Pay for Performance）和以任职者胜任力决定薪酬（Pay for Person）的有机结合。因此，绩效是决定薪酬的一个重要因素。

在不同的组织及不同的薪酬体系中，对不同性质的职位，绩效所决定的薪酬成分和比例有所区别。通常来说，职位价值决定了薪酬中比较稳定的部分，绩效则决定了薪酬中变化的部分，如绩效工资、奖金等。

（三）绩效管理与培训开发

由于绩效管理的主要目的是为了了解目前员工绩效状况中的优势与不足，进而改进和提高绩效，因此，培训开发是在绩效评估之后的重要工作。在绩效评估之后，主管人员往往需要根据被评估者的绩效现状，结合被评估者个人的发展愿望，与被评估者共同制订绩效改进计划和未来发展计划。人力资源部门则根据目前绩效中待改进的方面，设计整体的培训开发计划，并帮助主管和员工共同实施培训开发。

综合以上几点可以看出，员工绩效管理与人力资源管理的几大职能都有着密切的关系，通过发挥员工绩效管理的纽带作用，人力资源管理的各大职能就能有机地互相联系起来，形成一种互动的关系。所以说，员工绩效管理是人力资源管理的核心内容，在人力资源管理中占据了核心地位。

七、绩效管理的过程

绩效管理是一个包括多阶段、多项目标的综合过程，它通常被看作一个循环过程，管理的各个环节不仅密切联系，而且周而复始地不断循环，形成一个持续的过程。绩效管理的基本流程一般包括绩效计划、绩效辅导、绩效考评、绩效反馈、绩效改进及绩效结果的应用等六步。

（一）绩效计划

绩效计划是绩效管理的第一个环节，也是绩效管理的起点。作为一个组织，要想达到预期的战略目标，组织必须先将战略分解为具体的任务或目标，落实到各个岗位；然后再对各个岗位进行相应的职位分析、工作分析、人员任职资格分析。这些步骤完成后，各个部门的管理人员应当和员工一起，根据本岗位的工作目标和工作职责，讨论并确定绩效计划周期内员工应当完成什么工作、做到怎样的程度、为何要做这项工作、何时完成、资源如何进行分配等。这个阶段管理者和员工的共同参与是绩效计划制订的基础。通过协作的方式完成绩效计划的制订，可以使绩效计划得到员工的支持并得以有效实施。绩效计划是整个绩效管理体系中最重要的环节。

所谓绩效计划是指被评估者和评估者双方对员工应该实现的工作绩效进行沟通的过程，并将沟通的结果落实为订立正式书面协议即绩效计划和评估表，它是双方在明晰责、权、利的基础上签订的一个内部协议。绩效计划的设计从企业最高层开始，将绩效目标层层分解到各级子企业及部门，最终落实到个人。对于各子企业而言，这个步骤即经营业绩计划过程，而对于员工而言，则为绩效计划过程。我们应从以下几方面理解绩效计划。

（1）绩效计划与绩效指标是组织进行绩效管理的基础和依据。绩效计划是在绩效管理过程开始的时候由部门主管和员工共同制定的绩效契约，是对在本部门绩效管理过程结束时员工所要达到的期望结果的共识，这些期望的结果是用绩效指标的方式来体现的。

（2）绩效计划是一个组织根据自身实际情况，结合各个部门的具体工作，将年度重点工作计划层层分解，把总体目标分解到各个部门，确立各个部门的年度目标的过程。

（3）绩效计划通常是通过上下级相互沟通、交流而形成的，因此在沟通前，相关部门要事先向分管主任提供必要的信息和背景资料。在编制绩效计划时，每月要在固定的时间召开部门月度例会，在会议上各部门可以与本部门主管沟通，主管提出反馈意见，初步确定计划。沟通的方式原则上不做规定，由各部门自己确定。各类计划经分管主任审定和确认后，由综合科负责汇总下发月度工作计划，并上报办公室人事部月度重点工作。

（4）在确定工作目标、关键绩效指标和标准时应遵循 SMART 原则，即明确具体的原则（Specific）：目标必须是明确、具体的。所谓具体就是责任人的工作职责和部门的职能相对应的工作；所谓准确就是目标的工作量、达成日期、责任人等事先都是确定的，可以明确。

可衡量的原则（Measurable）：绩效目标应是数量化或行为化的，验证指标的数据或信息是可获得的。

可获得的原则（Allainable）：绩效指标在付出努力的情况下是可以实现的，避免设立过高或过低的目标。

现实可行的原则（Realistic）：在现实的物力、人力及个人学习和身体能力、资源的可利用条件下是可行的。

有时间限制的原则（Timebound）：必须在计划中列入事先约定的时间限制，注重完成绩效指标的特定期限。

（二）绩效辅导

所谓绩效辅导是指管理人员对员工完成工作目标的过程进行辅导，帮助员工不断改进工作方法和技能，及时纠正员工行为与工作目标之间可能出现的偏离，激励员工的正面行为，并对目标和计划进行跟踪和修改的过程。

绩效辅导是连接绩效目标和绩效评估的中间环节，也是绩效管理循环中耗时最长、最关键的一个环节，是体现管理者管理水平和领导艺术的主要环节。通过绩效辅导这个环节可以实现强调员工与主管人员的共同参与、强调员工与主管之间形成绩效伙伴关系、共同完成绩效目标的过程。总而言之，绩效辅导工作的好坏直接决定着绩效管理工作的成败。要想有效地完成绩效辅导，主要包括两方面的工作：一是持续不断的绩效沟通，二是数据的收集和记录。其具体步骤包括以下几步。

（1）观察和了解员工的绩效和行为，让员工知道自己的绩效好坏，并给予一定的反馈；或是要求员工改进，或是给予激励，希望员工保持高绩效。

（2）寻找问题与原因。如果员工绩效没有改进，就要探究其中的原因，同时要求改变具体的行为，并视需要给予帮助。

（3）教导分析。如果绩效仍然没有得到改进，那么管理者就必须运用教导分析的方法找出其中的原因，并和员工一起克服影响绩效的障碍。

（4）改善计划。和员工一起找出改善业绩的方法，并帮助员工找到问题，改进绩效流程，然后确认这些流程和方法，并固定下来，着眼于更长远的未来员工绩效。

（三）绩效考评

绩效考评是按事先确定的工作目标及其衡量标准，考察员工实际的绩效情况的过程。绩效考评是一项技术性很强的工作，包括拟订、审核考评指标、选择和设计考评方法、培训考评人员等内容。

（四）绩效反馈

绩效管理的核心目的是不断提升员工和组织的绩效水平。因此，绩效管理的过程并不是为绩效考评打出一个分数或得到一个等级就结束了，主管人员对员工的绩效情况进行评估后，必须与员工进行面谈沟通，即进行绩效反馈。所谓绩效反馈是指主管人员在绩效评估之后使员工了解自身绩效水平的各种绩效管理手段和过程。

（五）绩效改进

绩效改进是绩效管理过程中的一个重要环节。传统的绩效考评目的是通过对员工的业绩进行考评，将考评结果作为确定员工薪酬、奖惩、晋升或降级的标准。而绩效管理的目标不限于此，员工能力的不断提升及绩效的持续改进和发展才是其根本目的。所以，绩效改进工作的成功与否，是绩效管理过程是否发挥作用的关键。

（六）绩效结果的应用

绩效考评完成后，形成的考评结果要与相应的管理环节相互衔接，主要体现在以下几个方面。

1．人力资源规划

为组织提供总体人力资源质量优劣程度的确切情况，获得所有人员晋升和发展潜力的数据，便于组织制订人力资源的规划。

2．招聘与录用

根据绩效考评的结果，可以确定采用何种评价指标和标准招聘和选择员工，可提高招聘的质量并降低招聘成本。

3．薪酬管理

绩效管理的结果可以作为业绩工资发放的依据。绩效评价越高，业绩工资越高，这是对员工追求高绩效的一种鼓励和肯定。

4．职务调整

多次绩效考评的结果可以作为员工晋升和降级的依据之一。例如，经过多次绩效考评，对于业绩始终没有改善的，如果确实是能力不足，不能胜任工作，则应当考虑为其调整工作岗位；如果是员工本身的态度问题，经过多次提醒和警告都无济于事，则管理者应当考虑将其解雇。

5．员工培训与开发

通过绩效考评可以了解员工低绩效的原因，对那些由于知识和技能方面不足未能达绩效计划的员工，企业可以组织员工参加培训或接受再教育。这样能够增强培训效果，降低培训成本。同时，可以根据绩效考评的结果，制定员工在培养和发展方面的特定需求，帮助员工发展和执行他们的职业生涯规划。

6．员工关系管理

公平的绩效考评，为员工在奖惩、晋升、调整等重大人力资源管理环节提供公平客观的数据，减少主观不确定因素对管理的影响，能够保持组织内部员工的相互关系建立在可靠的基础之上。

第二节　绩效考评

对于企业来说，完全客观和精确的绩效考评几乎是不可能的。因为人们处理信息的能力是有限的，不可能毫无错误地处理员工绩效过程中所需的信息；主管人员很可能不愿意提供员工负面的绩效信息，相反更愿意设法激励他们以后努力工作争取改善绩效。但是，无论如何，国际知名企业的实践已经证明，员工绩效考评系统是否有效，直接影响员工的工作情绪，以致影响工作成效。因此，建设一个有效的绩效考评体系非常重要。

一、绩效考评概述

（一）绩效考评的含义及内容

绩效考评是绩效管理的最主要内容，绩效考评是指按照确定的标准来衡量工作业绩、工作成果、工作效率和工作效益的达成程度。考评内容的科学性和合理性，直接影响到绩效考评的质量。因此，绩效考评的内容应该符合企业自身的实际情况需要，能够准确地对员工的绩效进行考评。由于绩效的多因性，绩效考评的内容也颇为复杂。我国很多企业按照以下四点作为有效考评的内容。

1. 工作绩效考评

工作业绩考评是指对员工工作效率和工作结果进行考核和评价，它是对员工贡献程度的衡量，是所有工作绩效考评中最基本的内容，直接体现出员工在企业中的价值大小。业绩的考评包括员工完成工作的数量、质量、成本费用、利润等，以及为企业做出的其他贡献，如为企业赢得荣誉等。

2. 工作能力考评

工作能力的考评是指员工在工作中体现出来的能力进行考评，主要体现在四个方面：专业知识和相关知识；相关技能、技术和技巧（包括操作、表达、组织、协调、指挥、控制等）；相关工作经验；所需的体能和体力（取决于年龄、性别和健康状况等因素）。这四个方面是相互联系而又有区别的，技能和知识是基础；体能和体力是必要条件，一个人若没有足够的精力和体力，就难以承担重任；技能和工作经验把知识转化为现实生产力。需要指出的是，绩效考评中的能力考评和一般性能力测试不同，前者与被考核者所从事的工作相关，主要考评其能力是否符合所担任的工作和职务，而后者是从人的本身属性对员工的能力进行评价，不一定要和员工的现任工作相联系。

3．工作行为的考评

工作行为考评是指对员工在工作中表现出来的相关行为进行考核和评价，衡量其行为是否符合企业的规范和要求。由于对行为进行考评很难有具体的数字或金额来表达，因此，在实际工作中，对员工的行为进行考评主要包括出勤、纪律性、事故率、主动性、客户满意度、投诉率等方面。

4．工作态度的考评

工作态度考评数值是对员工在工作中的努力程度进行考评，即对工作积极性的衡量。积极性决定着人的能力发挥程度，只有将积极性和能力的考评结合起来，才能发挥员工的潜力。常用的考评指标包括：团队精神、忠诚度、责任感、创新精神、敬业精神、进取精神、事业心和自信心等。工作态度很大程度上决定了工作能力向工作业绩转化的效果。因此，对员工工作态度的考评是非常重要的。

以上四个方面中，工作业绩和工作能力的考评结果是可以量化的，是客观的，被称为考评的"硬指标"；工作行为和工作态度的考评结果是主观的，很难量化，被称为考评的"软指标"。在进行工作绩效考评时，应注意客观性评价和主观性评价的结合，软指标和硬指标结合，这样才能全面地评价员工的工作绩效。

（二）绩效考评的目的

一是帮助员工认识自己的潜在能力并在工作实际中充分发挥这种能力，以达到改进员工工作的目的和促进员工的培训与发展。二是为人力资源管理等部门提供制定有关人力资源政策和决策的依据。三是有利于改进企业人力资源管理工作，企业从定期的工作绩效考评中检查诸如招聘、培训和激励等人力资源管理方面的问题，从中吸取经验教训，以便今后改进并对下一步行动做出正确的导向。因而，考评的过程既是企业人力资源发展的评估和发掘过程，也是了解个人发展意愿，制订企业培训计划和为人力资源开发做准备的过程。

(三) 绩效考评者的组成

考评人的选择就是选择谁来进行考核，也就是解决考评关系中考评主体与考评客体如何划分的问题。一般而言，在企业实践中，通常是通过以下几类人员作为考评工作的主体来建立考评机制的。

1. 直接主管

绩效考评大都是由直接主管进行或者参与进行的。企业通常在制度上规定直接主管对于下级拥有考评的责任和权力。直接主管对下属的工作最熟悉（有的主管甚至以前就从事下属目前的工作），可以准确把握考评的重点及关键。

2. 工作者自身

员工本人对自己进行评价具有重要意义。自我评价有利于增强员工对企业考评的认同，减少他们的逆反心理，增强员工参与意识；有利于员工明确自己的长处和短处，加强自我开发；能够在考评中不断总结经验，从而改进工作方法。不过，调查显示，员工自我评价一般比他人评价高。因此，这种方法不可单独进行。

3. 同事

同事进行的评价，在某些方面有特殊作用，如工作方式和工作态度。同事之间的工作相关性强，相互之间在一起共事，沟通较多，比较了解关于工作和行为的有效信息。但在同事考评时，有时可能因为个人关系而产生感情偏差，或者出现通过"轮流坐庄"获得奖励或避免惩罚的不负责任的行为。

4. 下级

由下属对员工进行评价也有重要意义。尤其对于其领导能力、沟通能力等方面的评价，往往具有很强的针对性。但也要看到，员工由于顾虑上级的态度及反应，可能不会反映真实情况。为了解决这一问题，应当由专门的部门进行组织，避免因评价结果而使员工受到打击报复。

5. 业务归属部门

企业中专业技术性较强的工作内容，往往由专门的职能部门进行归属管理，如财务部、质量部等。这些部门从特定角度进行绩效考评，在考评工作中具有非常重要的地位。

6. 外请专家

由外请专业人员进行考评有特殊的意义。因为外请人员具有较强的专业技能，同被考评者之间没有利害关系，因而往往比较客观公正，考评结果也容易为员工所认同。但这样做成本较高，而且对于专业性很强的内容，专家也不一定十分了解。

二、绩效考评的原则

在进行绩效考评的时候，一定要做到科学、公正、客观，这样的考评才有意义。为此，应该遵循以下八项原则。

（一）制度化的原则

企业的绩效考评要作为企业的一项制度固定下来，同时，考核的标准、程序、责任等都要有明确的制度规定，并在操作中严格地按照制度的规定进行。这样，绩效考评才会有其权威性。

（二）公开化的原则

考评的内容标准要公开，使员工认识到所有的考评对大家都是一样的，这样才能使员工对绩效考评工作产生信任感，各部门和各员工之间就不会造成人为矛盾。同时，每个员工都可以明确了解到工作的要求是什么，这样就可以按照考评的标准来要求自己，提高工作绩效。

（三）客观性的原则

要做到考评标准客观、组织评价客观、自我评价客观，不能带有考评人的个人观点，尽量避免掺入主观性和感情色彩。必须用公认的标准，进行客观的评价。唯有客观性，才会保证其公正性。

（四）分层次的原则

绩效考核最忌讳的就是用统一的标准来评价不同的人和不同的工作要求。不同层次的员工，考评的标准和考核的内容是不同的。比如说，对一般员工的考评，主要考评其完成工作的数量、质量、效益及工作态

度等；而对于主管人员来说，则不仅要考评其完成工作任务的数量、质量及效益，还要考评其企业及各部门目标的实现程度，再就是作为主管人员在计划、决策、指挥、激励、授权、培养人才等方面的成绩。

（五）同一性和差别性原则

在考评相同类别的员工时要用同一标准、同一尺度去衡量，同样的工作内容、工作职位不能用不同的标准去考核。例如，企业中不同部门的秘书工作，工作内容大致是相同的，可以用同一种考评标准来进行考核。在考核不同类别的员工时，要注意用不同的标准和尺度去衡量。例如，生产部门可以用产品的产量、合格率、物耗等指标来进行衡量，而销售部门则用销售额、销售费用、回款率等指标来进行衡量。

（六）单头考核原则

一些企业在考评时出现员工与考评者、管理者之间的摩擦，最主要的原因就是在考评时多重考评、多头领导。在企业中最了解员工工作情况的是员工的直接主管。如果在考评时，间接的管理者对员工的工作情况妄加指责，就容易造成不公平现象，就会出现摩擦。当然，并不排除间接的上级对考评的结果进行调整和修正。

（七）反馈的原则

对员工进行考评以后要把考评结果直接告诉员工，使员工能明白自己工作的成绩和不足，同时要向其提供对于今后工作的参考意见。还应及时地将考核的结果反馈给企业培训部门，培训部门根据考评结果，有针对性地加强员工培训工作。

（八）差别性的原则

考评方法要能评出工作的好坏差别。正常情况下，员工在工作中的成绩是有差别的，考评方法要正确体现出员工工作中的这种差别，使考核带有刺激性，鼓舞员工上进。

三、绩效考评体系

（一）绩效考评的特征

有效的绩效考评系统应该同时具备敏感性、可靠性、准确性、可接受性和实用性五个特征。

1. 敏感性

敏感性指的是工作绩效考评系统具有区分工作效率高的员工和工作效率低的员工的能力，否则既不利于企业进行管理决策，也不利于员工自身的发展，只能挫伤主管人员和员工的积极性。如果工作评价的目的是作出升迁推荐等人事管理决策，评价系统就需要收集关于员工之间工作情况差别的信息；如果工作评价的目的是促进员工个人的成长发展，评价系统就需要收集员工在不同阶段自身工作情况差别的信息。

2. 可靠性

绩效考评体系的可靠性指的是评价者判定评价的一致性，不同的评价者对同一个员工所做的评价应该基本相同。当然，评价者应该有足够的机会观察工作者的工作情况和工作条件。研究结果表明，只有来自组织中相同级别的评价者才可能对同一名员工的工作业绩得出一致性的评价结果。

3. 准确性

绩效考评的准确性指的是应该把工作标准与组织目标联系起来、把工作要素和评价内容联系起来，进而明确一项工作成败的界限。工作绩效标准是就一项工作的数量和质量要求具体规定员工行为组合可接受的界限。我们知道，工作分析是描述一项工作的要求和对员工的素质要求，而工作绩效标准是区分工作绩效合格与不合格的标准，实际的工作绩效评价则是具体描述员工工作中的优缺点。业绩考评的准确性要求对工作分析、工作标准和工作绩效评价系统进行周期性的调整和修改。

4. 可接受性

绩效考评体系只有得到管理人员和员工的支持才能推行。因此，绩效考评体系经常需要员工的参与。业绩评价中技术方法的正确性和员工对评价系统的态度都很重要。

5. 实用性

业绩考评体系的实用性指的是评价系统的设计、实施和信息利用都需要花费时间、努力和金钱，组织使用业绩考评系统的收益必须大于其成本。

以上是绩效考评系统的五项基本要求，前三项被称为技术项目，后两项被称为社会项目。一般来说，只要绩效评价系统符合科学和法律的要求，具有准确性、敏感性和可靠性，就可以认为它是有效的。

在员工工作绩效考评体系的设计过程中，既需要根据绩效考评的目的来确定合适的评价者、评价标准及评价者的培训等问题，也需要选择适合企业自身情况的具体考评方法。员工绩效考评的标准可能是员工的行为表现，也可能是员工工作的结果，还可能是员工的个人特征。员工的工作绩效考评方法有很多种类，这些考评方法又可以分为客观类的评价方法和主观类的评价方法。另外，在考评体系设计的过程中，还需要决定员工绩效考评的周期长短。

（二）考评体系的设计

1. 评价者的选择

在员工绩效考评过程中，对评价者的基本要求有：第一，评价者应该有足够长的时间和足够多的机会观察员工的工作情况；第二，评价者有能力将观察结果转化为有用的评价信息，并且能够使绩效考评系统可能出现的偏差最小化；第三，评价者有动力提供真实的员工业绩评价结果。不管选择谁作为评价者，如果评价结果的质量与评价者的奖励能够结合在一起，那么评价者都会更有动力去做出精确客观的评价。一个值得注意的现象是，这种对评价者的激励与评价系统的设计和选择是同样重要的。一般而言，员工在组织中的关系是上有上司，下有下属，周围有自己的同事，组织外部还可能有客户。因此，可能对员工工作绩效进行评价的候选人有以下几种类型。

（1）员工的直接上司

在某些情况下，直接上司往往熟悉员工工作情况而且也有机会观察员工的工作情况。直接上司能够比较好地将员工的工作与部门或整个组织的目标联系起来，他们也对员工进行奖惩决策。因此，直接上司是最常见的评价者。但是这种评价的一个缺点是如果单纯依赖直接上司的评价结果，那么直接上司的个人偏见、个人之间的冲突和友情关系将可能损害评价结果的客观公正性。为了克服这一缺陷，许多实行直接上司评价的企业都要求直接的上司检查和补充评价者的考评结果，这对保证评价结果的准确性有很大作用。但有些企业采取的是矩阵式的组织结构，一个员工需要向多个主管报告工作；或者即使在非矩阵式的组织结构中，一位员工也可能与几个主管人员有一定程度上的工作联系。在这种情况下，综合几个主管人员对一个员工的评价结果会改进员工绩效考评的质量。

（2）员工的同事

一般而言，员工的同事能够观察到员工的直接上司无法观察到的某些方面。特别是在员工工作指派经常变动，或者员工的工作场所与主管的工作场所是分离的情况，主管人员通常很难直接观察到员工的工作情况，如推销工作。这时既可以通过书面报告方式来了解员工的工作业绩，也可以采用同事评价。在采用工作团队的组织中，同事评价就显得尤为重要。

（3）员工的下级职员

下级职员的评价有助于主管人员的个人发展，因为下级人员可以直接了解主管人员的实际工作情况、信息交流能力、领导风格、解决个人矛盾的能力与计划组织能力。在采用下级评价时，上下级之间的相互信任和开诚布公是非常重要的。通常情况下，下级评价方法只是作为整个评价系统的一部分。由于下属和同事能够从与主管人员不同的角度来观察员工的行为，因此，他们能够提供更多的关于员工工作表现的信息。需要注意的是，如果员工认为自己的主管有可能了解每个人的具体评价结果，那么他们就可能对自己的上司给予过高的评价。

（4）员工的自我评价

关于员工自我评价的作用问题长期以来一直是有争议的。这一方法能够减少员工在评价过程中的抵触情绪，在工作评价和员工个人工作目标结合在一起时很有意义。但是，自我评价的问题是自我宽容，常常与他人的评价结果不一致，因此比较适合个人发展用途，而不适合人事决策。不难发现，有效的工作规范和员工与主管人员之间良好的沟通是员工自我评价发挥积极作用的前提。此外，经验表明，员工和主管人员双方关于工作业绩衡量标准的看法的一致性越高，双方对评价结果的结论的一致性也就越高。

（5）客户的评价

在某些情况下，客户可以为个人与组织提供重要的工作情况反馈信息。虽然客户评价的目的与组织的目标可能不完全一致，但是客户评价结果有助于为晋升、工作调动和培训等人事决策提供依据。

近年来，部分企业开始实行所谓的 360 度评价，即综合员工自己、上司、下属和同事的评价结果对员工的工作业绩做出最终的评价。上述这些业绩考评的信息来源在评价员工业绩的不同侧面时具有不同的效力，因此将它们综合起来无疑可以得到一个最全面的结论。但是实践证明，360 度的业绩考评方法只有在那些开放性高、员工参与气氛浓和具备活跃的员工职业发展体系的组织中才能够取得理想的效果。

2. 评价信息来源的选择

员工业绩考评的标准和执行方法要取决于开展绩效考评的目的。因此，在确定评价信息的来源以前，应该首先明确绩效考评的结果是为谁服务的，以及他们需要用这些绩效考评信息来做什么。评价信息的来源与评价目的之间的配合关系可以从两个方面来认识。第一，不同评价者提供的信息来源对人力资源管理中的各种目标具有不同的意义；第二，根据不同的评价标准得到的员工业绩考评信息对人力资源管理中的各种目标也具有不同的意义。如果为了给奖金的合理发放提供一个依据，就应该选择反映员工工作结果的标准来进行评价。如果为了安排员工参加培训或者要帮助他们进行职业前程规划，就应该选择知识型员工的个人特征作为评价标准。如果要剔除最没有价值的员工，那么就应该选择违反操作规程的行为或产生的不良后果作为评价标准。

3. 评价者的准备

一个好的评价者应该起到一个教练的作用，要能够激励员工。在工作绩效考评过程中，评价者容易出现的错误有对员工过分宽容或者过分严厉、评价结果集中、出现光环效应和产生对比误差等。其中，光环效应是指评价者根据自己对员工的基本印象进行评价，而不是把他们的工作表现与客观的工作标准进行比较。为了最大限度地减少这些业绩评价错误，应该在每次开展绩效考评前对评价人员进行培训。在培训评价者的过程中，提高工作绩效考评的可靠性和有效性的关键是应用最基本的学习原理，这就要求鼓励评价者对具体的评价行为进行记录，给评价者提供实践的机会，组织培训的主管人员要为评价者提供反馈信息，并适时地给予鼓励。

通过对负责员工绩效考评的管理人员进行培训，使其在整个绩效考评过程中能够做到：第一，在绩效考评前就经常与员工交换工作意见，参加企业组织的关于员工绩效考评的面谈技巧的培训。学会在与员工的面谈中采用问题处理方式，而不是"我说你听"的方式。同时，应该鼓励员工为参加评价和鉴定面谈做好准备。第二，在绩效评价中，主管人员要鼓励员工积极参与评价工作的过程，不评论员工个人的性格与习惯，注意倾听员工的意见，最后要能够使双方为今后的工作目标改进达成一致的意见。第三，在绩效考评后，主管人员要经常与员工交换工作意见，定期检查工作改进的进程，并根据员工的表现及时给予奖励。

4. 绩效考评方法的选择

员工绩效考评方法可以分为员工特征导向的评价方法、员工行为导向的评价方法和员工工作结果导向的评价方法。

（1）员工特征导向的评价方法

这种评价方法是以员工特征为基础的业绩评价方法，衡量的是员工个人特性，如决策能力、对工作的忠诚度、人际沟通技巧和工作的主动性等方法。这类评价方法最主要的优点是简便易行，但是有严重的缺陷。首先，以员工特征为基础的评价方法的有效性差，评价过程中所衡量的员工特征与其工作行为和工作结果之间缺乏确定的联系。例如，一名性情比较急躁的员工在对待客户的态度上却可能非常温和。其次，以员工特征为基础的评价方法也缺乏稳定性，特别是不同的评价者对同一个员工的评价结果可能相差很大。最后，以员工特征为基础的业绩评价结果能为员工提供有益的反馈信息。

（2）员工行为导向的评价方法

在工作完成的方式对于组织的目标实现非常重要的情况下，以员工行为为基础的业绩考评方法就显得特别有效。这种评价方法能够为员工提供有助于改进工作绩效的反馈信息，但是这种评价方法的缺点是无法涵盖员工达成理想工作绩效的全部行为。

（3）结果导向的评价方法

这种方法是以员工的工作结果为基础的评价方法，先为员工设定一个最低的工作业绩标准，然后将员工的工作结果与这一明确的标准相比较。当员工的工作任务的具体完成方法不重要，而且存在着多种完成任务的方法时，这种结果导向的评价方法就非常适用。工作标准越明确，业绩评价就越准确。工作标准应该包括两种信息：一是员工应该做什么，包括工作任务量、工作职责和工作的关键因素等。二是员工应该做到什么程度，即工作标准。每一项工作标准都应该清楚明确，使管理者和员工都了解工作的要求，了解是否已经满足了这些要求。而且，工作要求应该有书面的工作标准。其实任何工作都有数量和质量两个方面的要求，只不过是两者的比例不同。由于数量化的工作结果标准便于应用，因此应该尽可能地把最低工作要求数量化。

结果导向的评价方法的缺点包括：第一，在很多情况下，员工最终的工作结果不仅取决于员工个人的努力和能力因素，也取决于经济环境、原材料质量等多种其他因素。因此，这些工作的业绩考评很难使用员工工作的结果来评价，即使勉强使用也缺乏有效性。第二，结果导向的业绩评价方法有可能强化员工的一些不良行为。例如，提供电话购物服务的企业如果用员工的销售额来评价员工的业绩，那么员工就可能中途挂断顾客要求退货的电话，结果就是影响顾客的满意度，减少重复购买率，这显然不利于组织的长期绩效提升。第三，在实行团队工作的组织中，把员工个人的工作结果作为业绩考评的依据会加剧员工个人之间的不良竞争，妨碍彼此之间的协作和相互帮助，不利于整个组织的工作绩效。第四，结果导向的业绩评价方法在为员工提供业绩反馈方面的作用不大，尽管这种方法可以告诉员工其工作成绩低于可以接受的最低标准，但是它无法提供如何改进工作绩效的明确信息。

在为具体的工作设计业绩考评方法时，需要谨慎地在这些类别中进行选择。除非员工的行为特征与工作绩效之间存在着确定的联系，否则就不应该选择这种简便的方法。一般而言，行为导向的评价方法和结果导向的评价方法的有效性比较高，这两类方法的某种结合可以胜任对绝大多数工作进行评价。

（4）工作绩效评价的周期

工作绩效评价周期是指员工接受工作业绩考评的时间间隔。员工业绩考评的周期应该受到以下几个因素的影响。

①根据奖金发放的周期长短来决定员工绩效考评的周期。例如，半年或者每一年分配一次奖金，因此对员工的业绩考评也要间隔半年或一年，在奖金发放之前进行一次。

②根据工作任务的完成周期来决定业绩考评的周期。

③根据员工的工作性质来决定业绩考评的周期，对于基层的员工，他们的工作绩效可以在比较短的时间内得到一个好或者不好的评价结果，因此评价周期就可以相对短一些；而对于管理人员和专业技术人员，只有在比较长的时间内才能看到他们的工作成绩。因此，对于他们的业绩考评的周期就应该相对长一些。

如果每个管理人员负责考评的员工数量比较多，那么在每次绩效考评的时期对这些管理人员来说工作负担就比较重，甚至可能因此影响到业绩考评的质量。因此，也可以采取离散的形式进行员工绩效考评，即当每位员工在本部门工作满一个评价周期（如半年或一年）时对这位员工实施业绩考评。这样可以把员工业绩考评工作的负担分散到平时的工作中。

在很多情况下，企业在员工进入组织满一年时会对他们的工作绩效进行一次评价。但是一年一次或两次绩效评价可能太少，因为评价者很难记住员工在长时间中的表现，容易发生错觉归类（Fault Categorization）。这种心理现象是指人们往往忘记他们观察过的事物的细节，而是根据脑海中已经存在的心理类别，重新建立他们认为是真实的细节。工作绩效评价要求经常化，每当一个项目取得重大成果时就应该进行绩效评价。这可以及时为人事决策提供准确的信息，也可以使员工及时了解自己的工作情况。当然，过于频繁的绩效考评也有问题，因为这要花费许多时间，产生许多麻烦。所以，人力资源管理对绩效考评频率的一个重要的观点是在一个重要的项目或者任务结束之后，或在关键性的结果应该出现的时候进行绩效考评。

（5）绩效考评类别

不同的绩效考评目的，绩效考评类别也有所不同。常见的绩效考评类别如表5－3所示。

表5－3　绩效考评类别

类别	考评要素	考评方法	实施期间	考评对象	考评目的
招聘考评	能力/态度	书面测试/面试	招聘当时	应聘人员	录用取舍
转正考评	态度/能力/绩效	书面测试/面谈/目标对照	试用期满后	转正对象	转正与否
奖金考评	态度/绩效	人事考评表	半年一次	全体员工	奖金分配
加薪考评	态度/能力/绩效	人事考评表	每年一次	全体员工	决定加薪额度
职务考评	职务熟练程度	熟练度评定表职务技能标准	每年一次	针对部分员工或全员	职等划分培训需求
调配考评	能力（尤其是适应能力）	能力倾向测试	调配发生	职务调整对象	调整职务
晋升考评	能力（尤其是潜力）	书面测试/面谈	晋升发生时	晋升对象	确定晋升与否

第三节　绩效考评的注意事项

一、实施绩效管理的常见问题和解决方案

绩效管理经常遇到的问题是绩效目标制定过高、职能部门考核指标定量太少、某些员工做得越多得分越低等。如何做到绩效管理过程中的平衡，是确保绩效管理成功的关键。针对企业实施绩效管理过程中遇到的问题，这里提出一些解决方案供大家借鉴。

（一）绩效目标制定过高或者过低怎么办

建议：以前三年经营目标的平均增长率为基准，如前三年经营目标平均增长率为 30%，则保底经营目标为增长 25%，努力完成经营目标为增长 35%，梦想完成经营目标为增长 50%；该指标相应的绩效考核得分为 80 分、100 分、150 分（为说明方便，不代表就这样设定，要根据企业实际情况确定）。

（二）职能部门考核得分比业务部门高怎么办

建议：职能部门和业务部门的关键考核指标全部绑定，设定不同的权重，让职能部门关注业务目标达成。同理，让业务部门不能只关注业务目标，还必须关注本企业、本部门管理水平的提升。

（三）做得越多得分越低怎么办

建议：针对同岗位的员工，只要考核指标相同，应该不会出现这种情况；如果出现，需检查考核指标设定的合理性。针对不同岗位的员工，可以将做得多的员工和做得少的员工的考核指标进行混合交叉，实现相对公平合理。

（四）绩效考核得分都偏高或偏低怎么办

建议：对考核得分进行强制分布，而且最好是正态强制分布。如按考核得分的高低进行 1∶2∶4∶2∶1 的强制分布即可，分数高低也就不

重要了。

（五）绩效考核指标是定量指标好还是定性指标好

建议：定量指标相对客观合理、容易评判，定性指标相对主观不合理、评判随意性大。如果想让考核相对公平合理，建议 80％为定量指标、20％为定性指标。

企业实施绩效管理过程中会遇到很多问题，但问题解决办法可以归结为一个词，那就是"平衡"。尽量使企业中不平衡的关系转化为平衡关系，就能实现绩效管理的最终目的。

二、绩效管理实施的注意事项

（一）做好绩效管理的前提条件是必须与企业的发展战略相一致

这里包含两层意思：一是企业要对发展战略有明确的定位，知道今后发展什么、如何发展；二是指绩效管理方案的设计要体现支撑企业发展战略，最终是为实现企业发展战略服务的，这是企业实施绩效管理目的所在。

（二）做好绩效管理的必要条件是企业各项人力资源基础管理工作已经相对完善

这些基础工作主要是指部门职责和岗位说明书已经梳理完备，各部门已经做到了对自己部门的工作职责清楚，也知道本部门和其他部门之间的交叉点，能够做到部门之间配合默契。同时，各岗位都已经明确自己岗位的职责和完成职责的工作任务。

（三）做好绩效管理的重要条件是选择适合企业现状的绩效管理工具

一般来说，比较通用的绩效管理工具主要有目标管理、标杆管理、关键绩效指标、平衡计分卡等。这些绩效管理工具没有好坏之分，只有适用和不适用的区别，要根据企业实际进行选择，任何不切实际的跟风行为，对企业实施绩效管理的效果是没有好处的。

（四）做好绩效管理的另一个重要条件是企业必须坚决执行绩效管理方案

很多企业请咨询企业做了绩效管理方案，但没有实施下去，究其原因，确实有部分绩效管理方案不符合企业实际，但更多的是企业没有坚持执行绩效管理方案。如果没有强有力的执行，再优秀的绩效管理方案也只能流于形式，对企业管理的改革和改进无任何益处。因此，要让绩效管理发挥应有的作用，企业就必须坚持执行绩效管理方案。

参考文献

[1]曹喜平,刘建军.高等教育视域下高校人力资源管理研究[M].石家庄:河北人民出版社,2018.

[2]柴勇.旅游人力资源管理[M].长沙:湖南大学出版社,2019.

[3]陈国宏.人力资源管理[M].北京:北京理工大学出版社,2017.

[4]陈锡萍,梁建业,吴昭贤.人力资源管理实务[M].北京:中国商务出版社,2019.

[5]褚吉瑞,李亚杰,潘娅.人力资源管理[M].成都:电子科技大学出版社,2020.

[6]葛玉辉.人力资源管理[M].北京:电子工业出版社,2020.

[7]黄建春.人力资源管理概论[M].重庆:重庆大学出版社,2020.

[8]李业昆.人力资源管理[M].北京:电子工业出版社,2021.

[9]李志.公共部门人力资源管理[M].重庆:重庆大学出版社,2019.

[10]刘娜欣.人力资源管理[M].北京:北京理工大学出版社,2018.

[11]刘燕,曹会勇.人力资源管理[M].北京:北京理工大学出版社,2019.

[12]吕惠明.人力资源管理[M].北京:九州出版社,2019.

[13]马振耀.人力资源管理理论与实践新探索[M].天津市:天津科学技术出版社,2017.

[14]宋源.人力资源管理[M].上海:上海社会科学院出版社,2017.

[15]汪昕宇.人力资源管理理论创新与实践[M].北京:中央民族大学出版社,2018.

[16]王晓艳,刘冰冰,郑园园.企业人力资源管理理论与实践[M].长春:吉林人民出版社,2019.

[17]温晶媛,李娟,周苑.人力资源管理及企业创新研究[M].长春:吉林人民出版社,2020.

[18]夏天,马丹.人力资源管理[M].北京:冶金工业出版社,2018.

[19]徐艳辉,全毅文,田芳.商业环境与人力资源管理[M].长春:吉林大学出版社,2019.

[20]杨红玲.人力资源管理理论与实践[M].昆明:云南人民出版社,2018.

[21]杨宗岳,吴明春.人力资源管理必备制度与表格典范[M].北京:企业管理出版社,2020.

[22]尹秀美.人力资源管理新模式[M].北京:中国铁道出版社,2020.

[23]张钧.图书馆人力资源管理[M].北京:中国商业出版社,2020.

[24]赵志泉,王根芳.中国式思维视域下人力资源管理理论与案例研究[M].北京:中国纺织出版社,2018.

[25]陈锦丽.人力资源管理创新路径探究[J].中国市场,2022(27):103—105.

[26]鄯源文.企业人力资源管理存在的问题及对策[J].环球市场,2021(30):51—52.

[27]黄峻.探析人力资源管理战略的重要性[J].商品与质量,2021(37):108.

[28]刘炳志.大数据时代的人力资源管理[J].现代经济信息,2021(32):13—15.

[29]于景议.人力资源管理与绩效管理问题探究[J].环球市场,2022(32):34—36.

[30]周磊.企业战略人力资源管理模式研究[J].智库时代,2022(28):37—40.